王万顺 袁建国 ◎ 编著

话说《周易》

郑州大学出版社

图书在版编目（CIP）数据

话说《周易》/ 王万顺，袁建国编著. —郑州：郑州大学出版社，
2022.6（2024.6 重印）
ISBN 978-7-5645-8618-8

Ⅰ.①话… Ⅱ.①王… ②袁… Ⅲ.①纪录片 - 解说词 - 中
国 - 当代②《周易》 - 通俗读物 Ⅳ.①I235.1②B221-49

中国版本图书馆 CIP 数据核字（2022）第 055557 号

话说《周易》
HUASHUO《ZHOUYI》

策　　划	李勇军	封面设计	孙文恒
责任编辑	刘晓晓	版式设计	孙文恒
责任校对	王晓鸽	责任监制	李瑞卿

出版发行	郑州大学出版社	地　　址	郑州市大学路 40 号（450052）
出版人	孙保营	网　　址	http://www.zzup.cn
经　　销	全国新华书店	发行电话	0371-66966070
印　　刷	永清县晔盛亚胶印有限公司		
开　　本	710 mm × 1 010 mm　1 / 16		
印　　张	15.5	字　　数	234 千字
版　　次	2022 年 6 月第 1 版	印　　次	2024 年 6 月第 2 次印刷

书　　号	ISBN 978-7-5645-8618-8	定　　价	78.00 元

前　言

《周易》是我国流传至今最古老的哲学经典，是中华文化的源头活水，是一部"锻炼人的理性思维能力的优秀教科书"。易学思想是中华民族智慧的结晶，在华夏文明五千年的漫长岁月里，就有三千年受到《周易》的深刻影响。它的思维方法规范了华夏民族的思维定式，它的义理精华蕴含着哲学的智慧，它的道德境界化育了"自强不息、厚德载物"的民族精神，它所揭示的自然法则渗透在哲学、天文历法、地理历史、文学艺术、数学、生物、军事、中医、武术和生产生活等诸多领域。

在古代中国，《周易》一直被认为是帝王之学，是政治家、军事家、商家的必修之课。历代不知有多少古圣先贤、志士仁人为《易》而皓首穷经。从隋唐时期开始实行科举考试选拔用人制度到清代末期被废止，一千三百多年来一直把《周易》作为科举考试的重要内容。《周易》原是一本卜筮之书，然而卜筮只是它的外壳，其内在却隐藏着鲜明的哲学思想。我们应该从整体上把握《周易》的核心思想是哲学智慧。

《周易》是经历了很长时间由多人之手逐渐形成的。《汉书·艺文志》曰："易道深矣，人更三圣，世历三古。""三圣"就是指创立八卦的伏羲、演绎《周易》的周文王和阐释《周易》作《易传》的孔子；"三古"就是三位圣人所处的上古、中古、下古三个时代。两千五百年前孔子及其弟子所作的《易传》，以德义思想全面阐释《周易》古经，把易学引入哲学的领域，为中国文化开辟了一个新的方向。春秋战国的

1

诸子百家，之后的两汉经学、魏晋玄学、宋明理学、清代朴学，实属卷帙浩繁、汗牛充栋，而其无不以《周易》为元典，探精广义、贯穿始终。易学文化一直伴随着中华文明走过了几千年的历程，对中国各个历史时期的政治、经济与文化都产生过深远的影响。

《周易》不仅是中国的国宝，而且是世界的奇书宝典。早在公元前108年，汉武帝时代包括易学在内的儒学大量传入朝鲜。公元513年，朝鲜半岛的百济王派遣五经博士东渡日本传授《易经》。明朝时期，《易经》传播到越南，之后《易经》原著与各种经传注本曾大量在东南亚传播。从17世纪以后，西方人在介绍中国文化时已开始注意《周易》，《周易》在西方的传播成为"中学西传"的重要内容。1582年，意人利传教士利玛窦来到中国，在华28年翻译易学及儒家著作并传入意大利。之后有波兰学者，法国、比利时传教士等将《易经》积极向西方传播，17世纪易学逐步走向世界，当今已经形成了世界性研究《周易》的热潮。现有70多个国家和地区成立了易学研究机构，《易经》著作已被翻译成拉丁文、德文、法文、英文、日文、朝鲜文、俄文、荷兰文等十多种文字。

当今时代，习近平总书记倡导传承发展中华优秀传统文化，提出文化自信。文化自信是对文化的作用及其生命力、创造力、影响力的深度认同和执着信念。习近平在庆祝改革开放40周年大会上指出：正是这种"天行健，君子以自强不息""地势坤，君子以厚德载物"（《周易·象传》）的变革和开放精神，使中华文明成为人类历史上唯一一个绵延五千多年至今未曾中断的灿烂文明。

2016年4月，科技部、中宣部印发了《中国公民科学素质基准》，共有26条基准、132个基准点，基本涵盖了公民具有的科学精神、掌握或了解的知识、具备的能力。其中第9个基准点涉及《周易》的有关内容："知道阴阳五行、天人合一、格物致知等中国传统哲学思想观念，是中国古代朴素的唯物论和整体系统的方法论，并具有现实意义。"

2017年1月，中共中央办公厅、国务院办公厅印发了《关于实施中华优秀传统文化传承发展工程的意见》，这是新中国历史上第一次以中央文件形式专题阐述中华优秀文化传承发展工作，为新时期传承发展中华优秀传统文化指明了科学方向。其主要内容阐释了核心思想观念、中华传统美德和中华人文精神三个方面，其中涉及"开物成务""革故鼎新""与时俱进""穷则变，变则通"等大量的易学思想理念。五千年的中华文明，是人类文明中唯一持续生生不息绵延发展的文明，而博大精深的《周易》是中华文明的重要源头，华夏民族源源不绝地从《易经》之中寻找原动力。几千年来，《周易》始终伴随着中华文明形成和发展的历程，形成了一套完整而独特的东方文化体系。

安阳是《周易》的发祥地，向全中国及世界各地弘扬《周易》优秀传统文化，是在履行我们光荣的历史使命。我们创作《周易》影视专题纪录片的目的，就是希望以通俗的语言和喜闻乐见的形式，全方位揭开《周易》的神秘面纱，让《周易》的哲学智慧普及全社会，把《周易》的哲学理念与当代社会相融合，结合时代要求传承创新，让《周易》的智慧能够为广大人民群众所掌握。

在本书编写过程中，我们紧紧把握"三个尽可能"（尽可能全面掌握有关最新可靠资料、尽可能精准把握权威易学真谛、尽可能通俗易懂）和"两个相结合"（叙述与评述相结合、旁白与人物现场采访相结合），以期达到较好的视听艺术效果（其中电影纪录片《周易》已于2018年10月由国家电影局备案公示立项）。

承蒙中央文史研究馆馆员、全国政协委员、中国周易学会会长、山东大学教授、博士生导师刘大钧先生厚爱，他在阅读本书文稿后，给予赞成鼓励之语：非常好，内容很详细，方方面面都涉及了。

本书可以为拍摄影视作品使用，同时也是广大读者了解《周易》思想的通俗读本。欢迎各位专家学者及广大读者提出教正意见，以便在拍摄影视时予以采纳，让我们携手传承弘扬《周易》优秀传统文化，为社会主义精神文明建设增光添彩！

目 录

下卷 《周易》电影纪录片解说词

上卷

《话说〈周易〉》电视专题纪录片解说词

第一集

易学的起源

【字幕 淡入淡出】

易道深矣，人更三圣（伏羲、周文王、孔子），世历三古（上古、中古、下古）。

——《汉书·艺文志》

【解说 音乐起】

这条一百多万年前就出现在中国版图上蜿蜒东流的黄河，作为母亲河，它不仅哺育了一个伟大的华夏民族，同时也孕育了这个民族的文化和文明！

这是流经河南洛阳孟津区会盟镇的河段，这是流经洛阳洛宁县西长水村注入黄河的洛河。

华夏文化的源头就是从这里开始的。相传，大约在五千年前的"三皇五帝"的神话时代，黄河和洛河分别有龙马和神龟背负着神秘的星象图出现。这两幅精妙绝唱、高深莫测，由数量不等、排列各异，代表"阴阳""五行"的黑、白点构成的图案，被后人称为《河图》和《洛书》。《周易·系辞上》曰"河出图，洛出书，圣人则之"，传说中的中国人文始祖伏羲，根据《河图》"一画开天"，创立了"八卦"，也就是"先天易"，成为后世《易经》形成的最原始的依据。几百年之后传说大禹治水时，发现一只背上绘有如同文字的五彩神龟出于洛水，是为《洛书》。大禹从中悟出了宇宙万物的生克关系后，开九州，通九道，因势利导，十三年终克水患。

这是甘肃天水卦台山，这里的三阳川画卦台，相传是伏羲"一画开天"创立"八卦"的地方。

由于没有文字记载，当时究竟是谁根据这两幅图演绎出"易"这个问题，后人有多种说法。其实，这些所谓的神秘的"图"和"书"，不过是古圣先贤经过长期悉心观察山川地理的形势变化，观察鸟兽身上的纹理与地上万物生长的情况，通过某种现象的启迪获得灵感，创作出阴、阳两种符号，并将其巧妙组成八卦图案，来模拟人与自然现象。

八卦图以"天地定位，山泽通气，雷风相薄，水火不相射"的格局，把宇宙间万事万物归为八大类。从空间上看，它们阴阳相互对立；从时间上看，它们四时周期终而复始，为人类认识自然开辟了一条智慧的大道。

这是在"龙马负图"之地建造的龙马负图寺。这是在"神龟负书"之处立起来的"洛出书处"石碑。

【采访 同期声】

《河图》《洛书》的具体年代和作者现在还无法考证，但"易"，就是根据这两幅"天赐"的图和书的符号，画成了由"阴（－－）""阳（—）"符号代表的八卦，以此来"通神明之德""类万物之情"。

【解说 音乐起】

有关"河出图""洛出书"的民间传说，在2014年11月11日经国务院批准列入第四批国家级非物质文化遗产代表性项目名录。它表明中华文化的摇篮在黄河流域，而且至少有四五千年的历史。

《易经》包括《连山易》《归藏易》《周易》三部，《周易》之前的

《易经》有两部，即神农时代的《连山易》和黄帝时代的《归藏易》。商朝末期，周文王在研究这两个《易》的基础上演绎出《周易》，史称"三易三世"。这三个《易》虽然都是由八个经卦重叠出的六十四个别卦组成，但它们的占筮方法却各不相同。

《周易》，是经殷商末期周文王姬昌创立的后天八卦，按照宇宙自然发展规律重新对六十四卦推演、排序，并赋予卦辞，其四子周公——也就是周公旦作爻辞。五百多年后，时至春秋末期，孔子晚年经过潜心研究，并同其弟子对《周易》进行全面诠释，形成了《易传》，所以传世的《周易》包括《易经》和《易传》两个部分，共有两万余字。

《易传》又称《十翼》，其实就是孔子及其弟子以"德义"思想对《周易》古经解说和发挥的"论文"集，是理解《周易》的一部古代汉族哲学伦理的经典著作，并由此将先前卜筮的《周易》上升到哲学的层面，成为中国文化的渊源。当代易学名家金景芳先生给予《易传》很高的评价，他说：《易传》是理解《周易》的一把钥匙，没有《易传》的话，我们今日便不可能看懂《周易》。

【采访　同期声】

由于上古时期系统的文字还没有形成，《连山易》和《归藏易》没有卦辞与爻辞，并且早已失传，所以现在我们看到的《易经》所指的便是《周易》。

【解说　音乐起】

对"易"的叫法和解释，虽然有多种说法，但表示"变化"的意思是人们的共识。比如，古人发明这个"易"字，就是上面用"日"，下面用"月"来表示日月交替变化；甲骨文中的"易"字还有一种表达，就是用一个水杯向另外一个水杯倒水表示移动；还有一种说法是"易"字借用了"蜥蜴"的"易"，因为蜥蜴是变色龙，当外界的环境因素发生变化时，可以让自己的身体呈现出不同的颜色。

古人把阐明天理、人道的书籍通称为"经"。"经"在古人眼里是最神圣的经典。《易经》就是反映天地变化的经典。至于"卦"的解释，由于上古时期没有文字，也没有纸张，古人记事靠的是在绳子上打结。打结的绳子往往是悬挂起来形成了"卦象"，《易》是根据自然现象的变化而创造的，它最原始、最实用的功能是预测天气，也就是说最早是用来做天气预报的。为了让更多外出的人们了解天气，就将绳结挂在树上供人们观看，所以"易"的内容就成了"卦"。

这是《周易》的诞生地——位于安阳市区南 10 公里处汤阴县羑里城。这块方圆 1 万平方米的商周遗址羑里城，也叫文王庙，是世界遗存最早的国家监狱，也是风靡全球的《周易》文化发祥地。它以博大精深的文化内涵而名扬海内外。据汉代史学家司马迁《报任安书》记载："画地为牢""文王拘而演《周易》"，三千年前周文王姬昌在这里被关押七年之久的历史典故，就是源于此地。

【采访　同期声】

虽然《易经》已经是一首流传五千多年的古老的谣曲，但它超越了历史进程中的局限性，以无限的魅力，影响着中国和世界。

这是由汤阴县人民政府与安阳周易研究会，多年来在汤阴羑里城举办的祭奠活动。这既是对《周易》作者虔诚的祭拜，也是对《周易》思想诞生的辉煌盛大的庆典。正如 19 世纪德国著名的哲学家黑格尔所说："《易经》包含着中国人的智慧（是有绝对权威的）。"

新中国开国领袖毛泽东，从没有放弃对《周易》的研究和应用。1956 年他曾在中国共产党八届二中全会说："中国古人讲'一阴一阳之谓道'，不能只有阴没有阳，或者只有阳没有阴，这是古代的两点论，形而上学是一点论。"

《周易》作为我国最古老、最有权威、最著名的一部经典，是中华民族智慧的结晶。它在几千年的历史长河中，尽管沉沉浮浮，历经种种坎坷与考验，或褒或贬，却经久不衰地为中国文化和世界文化做出了重大贡献。

第二集

羑里

【字幕　淡入淡出】

一卷经成万古功，曾将天地立穹窿。台高自起寒云碧，树老还收晚照红。

——明代诗人　李镟

【解说　音乐起】

羑里，是古地名，又称羑都，坐落在河南省安阳市汤阴县北 4.5 公里的季节性河流——羑河岸边。

羑里城，这座古代用土筑成的专门囚禁国家罪犯的圆形建筑物，据说建立在夏代。而在殷商后期，监狱的第一名囚犯就是西伯侯姬昌（周文王）。在后人眼里，这里早已不是"苦难"和"邪恶"的象征，而是彰显华夏先圣智慧和中华文化的象征。无论是东方的世界，还是西方的世界，不少人对其仰慕和朝拜。因为中国古代最早出现、最具有世界影响力，被尊为"群经之首，大道之源"，有着博大精深文化内涵的《周易》，就是从这里发祥的。

【采访　同期声】

从古代人类留下的痕迹、遗物和有机物叠压的七米文化层判断，羑里城是我国遗存下来的历史最悠久的国家监狱遗址，是周文王"拘羑里而演《周易》"的古老之地。

【解说 音乐起】

公元前 1075 年，帝辛殷纣王即位。当时西伯侯姬昌在朝中威望很高，同九侯、鄂侯并列三公。殷纣王淫逸奢侈，九侯的女儿被他娶来后，因不喜欢他的荒淫，便被纣王杀死，九侯也被剁成了肉酱。鄂侯对此提出了批评，也被纣王处死。当时姬昌也对此表示不满，"唉"了一声，崇侯虎便向纣王告密，引起殷纣王的猜忌，纣王就找了个借口，把姬昌囚在了羑里。

姬昌被囚时已经 82 岁了，他在这被囚的七年时间里，将祖上流传下来的《易》重新进行了整理，在伏羲先天八卦的基础上，推演六十四卦并重新进行了排序，又对六十四卦作了卦辞，其四子周公（旦）对三百八十四爻作了爻辞。姬昌在研究先天八卦的基础上又创立了后天八卦，在忧患之中著成了《周易》一书。

周文王在位时遵祖训，创基业，施行仁政，礼贤下士，尊老爱幼，招贤纳士，四方贤士纷纷响应而来，其核心是和合思想。《周易》不仅深刻地展现了中国古代的政治、经济和文化，而且渗透到中国人的生活方式、伦理道德、价值观念中，构成了古代中华民族的精神支柱、文化载体和思想灵魂，从此开启了道家、儒家、墨家等中国主流思想的各种流派，被誉为"群经之首、大道之源"。

【采访 同期声】

甲骨文是中华文明的古老载体，出土于安阳殷墟，是商代灭亡前二百多年的文字，《周易》与甲骨文是同一时代的产物。周文王作《周易》处于殷商末期，当时甲骨文属于正流行之际。殷墟原为商代都城，距离汤阴羑里城仅有 20 余公里，从时代关系看距离比较近。写字作文都属同时代的人，从语言角度讲，甲骨文是形成《周易》古经的原始资料。

《周易》源于我国古代三千年前占筮活动中形成的档案，是商周之际周室占筮档案的记录。它以卦辞爻辞的形式记录了殷商末期至西周初期许多重大的历史事件，客观地反映了当时的自然现象及社会生活的方方面面。由于《周易》一书是算卦记录这种特殊的体例，所以被蒙上一层神秘色彩。

【解说　音乐起】

后人为纪念这位为中华民族创造了巨大精神财富的伟人，就在周文王去世若干年后，在羑里城这个高出地面丈余的圆形土台上修建了南北长 105 米、东西宽 103 米、面积达万余平方米的文王庙。它成为后世人们永远朝敬周文王的圣地。

我们现在看到的古建筑文王庙，是明朝嘉靖二十一年（1542）在原羑里城遗址上重建的。它坐北朝南，古柏苍翠，除了现存建筑有演易坊、山门、周文王演易台、古殿基址，还有"周文王羑里城""禹碑""文王易"等碑刻，景区内有八卦阵迷宫，完全按照八卦阵图所建。还有二期工程——太公封神馆、伏羲先天馆、儒学馆、道学馆，这对于研究《周易》与商周历史，都具有重要的史料价值。

羑里城景区分前、后两个部分。前景区有周文王演易处、大殿、洗心亭、玩占亭、御碑亭、易碑亭、演易台等。后景区有伏羲祠、吐儿冢、太公祠、老子祠、孔子祠、十二生肖石雕及八卦阵迷宫等。

周文王雕像巍然矗立在羑里城南大门之北的大院中，他那仰望苍穹、手执卦册的安详的神态，令人肃然起敬！

【采访　同期声】

周文王 47 岁继位，史称西伯侯姬昌，执政 50 年，享年 97 岁。

这是位于羑里城正中，重建于 1993 年，歇山重檐式建筑，规模恢宏、气势雄伟的主殿堂。大殿正中为文王锻铜塑像，相貌魁奇，神态肃穆，圣哲的内心世界溢于形表。

【解说　音乐起】

羑里城，是全国重点文物保护单位，国家 AAAA 级景区。这是位于大殿右后侧的演易台。它重建于 1994 年，是文王被囚期间，推演"六十四卦"创作《周易》的地方。台上有文王正在推演《周易》的塑像。塑像形象地反映了文王当年被囚时精心推演《周易》的情形。

【采访　同期声】

在远古，先民们求卦都习惯于用蓍草，至于卜卦为什么用蓍草而不用树枝、谷粒、棋子或其他物品代替，其原因与先民对蓍草的崇拜和神话有关。

【解说　音乐起】

这是位于演易台前的"蓍草园"，是文王当年推演《周易》所用的卦具，据说用这种草占算非常灵验。《周易·系辞上》说："蓍之德圆而神。"古代传说这种草活到一千岁，才能长出三百个茎，其有圆而神的美德，所以把它作为《易》筮的最为理想的运算工具。在等级森严的古代，占卜用的蓍草是按照人所处的社会地位来使用的。天子为最高一级，要用长高到九尺的蓍草，依次等而下之，诸侯七尺、大夫五尺、士三尺，老百姓是最低层，只能用低于三尺的蓍草。这些传说无疑给蓍草罩上了一层神秘的外衣。蓍草，还具有解热镇痛、抗菌消炎、解毒止血等药理功能。但由于使用蓍草卜卦，其方法特别烦琐，之后人们占卦一般用铜钱来代替。

人类往往是这样的：有些愿望终生无望，有些理想存在的目的就在于映射出现实生活的窘态。正如汉初著名政论家、文学家贾谊评价周文王成就了《周易》，但没有实现推翻殷纣王的理想！周文王被囚羑里，发奋研易，潜心治学，这便是司马迁《史记》中所载，我国历史上著名的"文王拘而演《周易》"的故事。

　　贾谊说："文王有大德而功未就，武王有大功而治未成。"虽然周文王没有实现推翻殷纣王的残暴统治的理想，但在羑里被囚禁的七年的时光中成就了旷世经典《周易》，也算是对他早年寂寞理想的呼应。

第三集

卦爻

【字幕　淡入淡出】

《周易》借助于具体的形象符号，启发人们把握事物的抽象意义，崇尚一种观物取象、立像尽意的思维方式。

——中华孔子学会原副会长　郭齐勇

【解说　音乐起】

远古的传说和先祖的记忆，都注入在这一个又一个神奇的卦爻符号中。

"卦"，是《易经》基本的单位，而"爻"，又是组成"卦"的基本符号。可以说，这本由代表天地宇宙万物、阴阳变化的符号浓缩成的卦象和爻象的书，是由华夏民族的古圣先贤，在没有创造出文字之前，发明的一种表达人类感情和语言信息的，世界上最古老、最简单，又最丰富的无声符号读物。如果没有后人的解释，它至今可能仍然是一部人类神秘的"天书"。

卦和爻的起源，有多种说法。一般认为，古人在观察日影变化时，为发布气象信息，告知大众，在树上悬挂八根绳索，每根分三段，段中打结，所以称为"八挂"。因为是绳索，"八挂"也曾被叫作"八索"，由此，动词的"挂"变成了名词的"卦"。卦上的三个结被称为"三爻"。

《乾卦·正义》引《易纬》曰："卦者挂也,言悬挂物象以示于人,故谓之卦。"还有一种说法是,上古在结绳记事时代,古人在一根绳索上分段打结,记大事打一大结,为阳爻,小事打一小结,为阴爻。或者打结为阳爻,没打结为阴爻。也有人认为,阴爻、阳爻表示月亮和太阳运动对地球的交织作用,有"作用相交织"的含义。形成表述阴阳的初等基础符号,也称为一级或初级符号。还有人说,阳爻和阴爻分别代表男女的生殖器。郭沫若先生认为:"八卦的根柢我们很鲜明地可以看出是古代生殖器崇拜的孑遗。画一以象男根,分而为二以象女阴,所以由此而演出男女、父母、阴阳、刚柔、天地的观念。"

德国天文学家巴德认为,八卦起源于古代的计算工具算筹,爻就是算筹的形状。八卦是三画卦,六十四卦是六画卦。三画卦与六画卦都是象,但二者功用不同。唐代著名易学家孔颖达《周易正义》曰:"但初有三画,虽有万物之象,于万物变通之理,犹有未尽,故更重之而有六画,备万物之形象,穷天下之能事。"

【采访　同期声】

六十四卦共三百八十四爻(《乾》《坤》两卦各多了一个用爻),卦是静态的,而爻是动态的。如果说卦代表一个时代,爻则代表一个时代中变动着的不同发展阶段。六十四卦代表了自然、人类和社会的六十四种境况,也是六十四种智慧。而三百八十四爻则是效法万物变化的情景。这无疑都是古人的智慧和境界体现。

【解说　音乐起】

六爻是指一个卦从下向上排列的六个阴阳符号的组合。

最下面的符号称为"初爻",从下向上依次为二爻、三爻、四爻、五爻,最上面的符号称为"上爻",阳爻称作"九",阴爻称作"六",如果初爻是阳爻,可称"初九";如果"上爻"是阴爻,可称"上六"。三爻的卦,叫经卦,两个经卦组成别卦。别卦下部的经卦称为"内卦"，也称"下卦"；别卦上部的经卦称为"外卦"，也称"上卦"。八卦是八个三画卦，叫经卦；八卦相重构成六十四卦，叫别卦。

直到今天，经学家们还在从儒学、理学、玄学和占卜等不同角度仁者见仁、智者见智地释易。就《周易》而言，周文王打乱了原始的卦序，对六十四卦的次序进行了新的排序，并根据每一卦的卦象及天干地支的生克关系，写出了判断吉凶的卦辞。其将每卦视为一件事，每爻视为该件事从发生、成长、发展到消亡的一个阶段。或者说，爻变的实质象征着时变。周文王将事物的发展分为六个阶段，每爻代表其中的一个阶段，其中初爻象征事物的为始，二爻、三爻、四爻象征事物的成长、发展，五爻象征着事物的成熟，上爻则象征事物的衰败。

【采访　同期声】

周文王当时在羑里身处逆境，多用隐喻，往往把卦爻辞写成双关语，借描述自然界万物的变化来说明人事的道理。八卦又分为万物万象之形的先天八卦和反映自然界及人类社会顺应自然万物变化的后天八卦。

【解说　音乐起】

孔子《易传》中说《周易》有象、数、理、占四大功能。有物必有象。象是《易经》为表述内容所使用的一种特殊方法。《周易》是一部以卦象来象征事物表达思想内容的书。中国人都喜欢看象，观天象，观日观月，可以知时辰；迷路了，观天象，可以知南北。

古人认为凡有形可见的，则描述其形容，象征其体态，借以来说明易卦所反映的一些客观道理。"在天成象，在地成形。"八卦象征八种事物，如乾为天，坤为地，震为雷，巽为风，坎为水，离为日，艮为山，兑为泽。八卦同时又具有八种基本性质，如乾为健，坤为顺，震为动，巽为入，坎为陷，离为丽，艮为止，兑为悦。将八卦象征的八种事物和具有的八种性质，重叠成六十四卦，产生了三百八十四爻（乾卦另加用九爻，坤卦另加用六爻）。

【采访　同期声】

爻象，是模仿事物矛盾运动而显现的吉凶，《周易》的每一卦，既象征事物的外形，又象征事物间的联系，更像阴阳对立的矛盾在特定的时空条件下的运动、变化，从而显示事物变化的规律。

【解说　音乐起】

"数"，是一个朴素的概念，世上万事万物都离不开数，任何事物都可以用数来表示。有象必有数，《易经》的数是活的，古人称"象以定数"，事物的发展是没有穷尽的，因此卦象的变化也是无穷无尽的。大到天地山川，小到草木禽虫，君臣父子之伦，毛发爪甲之细，至此可言八卦之象。

【采访　同期声】

《易经》有几套数字系统。一是《河图》中奇数一、三、五、七、九为天数，天数二十五；偶数二、四、六、八、十为地数，地数为三十；天地之数相加为五十五。二是大衍之数五十，其用四十九。三是爻位之数，每卦六个爻，阳爻用九表示，阴爻用六表示。四是后天八卦数，为坎一、坤二、震三、巽四、离五、乾六、兑七、艮八。

【解说　音乐起】

有数必有理。易经中的"理"，是一种符合自然规律的推理，也是一个特殊的概念。《周易·系辞上》说："易简而天下之理得矣。天下之理得，而成位乎其中矣。"意思是说，易道简单而天下之理可得。天下之理可得，则其成分在于天地中。

三国时期的易学家王弼提出了研究易学应着重从义理上去分析，不孤立地去谈象数。《周易》的理，具有哲理性。每一个人或做每一件事，都要按照事物的发展规律去推理，那么不需要占算，就可以预知结果。这个"理"是理所当然、势在必得的。

"占"，是占卜、占筮、预测。面对生活和工作中遇到的困难和疑惑，不少人都想通过《易经》的卜筮之术来达到趋吉避凶的目的。其实，这个想法是不正确的。《易经》并不主张"命定论"，占卜只能给你提供借鉴和参考，而对待事物主要是按照其发展规律去应对，调整思想和方法因势利导，才能把事情办好。

确切地说，《易经》是一部哲学著作，是对古人生活场景的认识，是他们面对大自然和社会、人生的哲学思考，因为使用了很多"吉""凶""悔""吝"等占卜用语，所以不少人认为《易经》主张"命定论"，这不能不说是一种误会或者误导。

【采访　同期声】

其实，应该注意到，《易经》里最常见的一个字是"如"，它表达的意思是条件的假设，"如果"这样或者那样，会有怎样的结果，其中蕴含着辩证的哲理。

【解说　音乐起】

《周易》的卦爻辞包括叙词和占验两部分。叙词是对生活场景的记录，而占验则是对叙词记录之事的评判。如，"吉""元吉""凶""有悔""吝""利""无不利"等。

世界心理学家荣格曾经这样评价《易经》："《易经》本身不提供证明和结果；它不妄自尊大，但也不易接近。像自然的一隅，它静待人们去发现。它既不出示事实，也不显示本领；只有对心贵自知和热爱智慧的人——若有这样的人——它仿佛是一本求之不得的好书。对某个人，它的精神湛如晴日；对另一个人，淡若曙暮；对第三个人，暗若黑夜。不欣赏它的人务必不要用它，反对它的人不强求其真。让它问世，为那些能辨其意义的人受益。"

　　国际易经学会主席、美国夏威夷大学终身教授成中英说："《周易》是生命的学问，宇宙的真理，文化的智慧，价值的源泉。《周易》不仅是中国的，也是东方的，更是世界的；不仅是古代的，也是现代的，更是未来的。"德国的哲学家黑格尔曾不无遗憾地说，他一生最大的遗憾是没有学透中国的《易经》。

　　面对《周易》，不管后人如何解释，但当人们凝神静思，探幽涉远，犹如在穿行一条长长的历史隧道。这个隧道，将无休止地在全世界延伸……

第四集

周公与《周易》

【字幕　淡入淡出】

孔子之前，黄帝之后，于中国有大关系者，周公一人而已。

——近代诗人、历史学家　夏曾佑

【解说　音乐起】

周公，一直以来为儒家特别是孔子所尊崇。

周公作为西周初期杰出的政治家、军事家和思想家，被孔子尊为"元圣"、儒家的奠基人。周公协助其父周文王演绎《周易》，并写《易象》以解《周易》，被称为周公之德，汉代学者将周文王与周公父子并称为《易》之二圣。周公不仅为完善《周易》的成书做出了不可磨灭的贡献，而且为西周王朝的建立、巩固和发展建立了不朽的功绩。

周公姓姬，名旦，是周文王第四子，武王姬发的同母弟弟。因其封国在鲁，采邑（封地）在周，爵为上公，故被称为周公。周是姬姓的发祥地和祖业，将周列为周公旦的采邑，可见其功绩之伟。

唐代大儒孔颖达《周易正义》曰："伏羲制卦，文王卦辞，周公爻辞，孔十翼也。"《周易》，迄今已有三千多年的历史。因当时周族的日益强大引起殷纣王的猜忌，于是他便找了个借口，把周文王囚在了汤阴的羑里。周文王在监狱里无事可做，他看到当时社会与人们思想及生存方式都发生了变化，认为伏羲先天八卦已不相适应了。于是他便有了一个伟大的创意，要把"先天八卦"修改为"后天八卦"，而这只是改变了八卦的方位，又不与伏羲先天八卦相矛盾，使其符合了自然变化的规律，为易学开辟了一个新天地。文王发明了后天八卦之后，又进一步对六十四卦的次序进行了新的排列，并根据每一卦的卦象及天干地支的生克关系，写出判断六十四卦吉凶的卦辞。其四子周公又帮助他对六十四卦作了爻辞，使《周易》的内容更加丰富完善。

【采访　同期声】

说到周公作爻辞，东汉易学家郑玄的老师经学家马融及三国时代易学家陆绩等认为周公作六十四卦爻辞的依据，是由于在一些卦爻辞中出现了文王之后的一些事情，故卦爻辞并非文王单独所作，表明周公参与了卦爻辞的创作，尤其是说周公专门撰写了爻辞。宋代大儒朱熹《周易本义》说："经则伏羲之画，文王、周公之辞也。"多了周公，言其三人之作。晚清易学家尚秉和《第四　论〈周易〉谁作》："至东汉王充、马融、陆绩之俦，忽谓文王演卦辞，周公演爻辞，孔颖达、朱子等皆信之。"新中国建立之后，古文字学家高亨《周易古经今注》说："《周易》古经，盖非作于一人，亦非著于一时。""其或文王、周公对于此书有订补之功欤？"认为周公和《周易》成书不无关系。

【解说　音乐起】

《周易》的六十四卦，每一卦各有主旨，六爻起承转合，介绍事态的过程，内外一分为二分析问题，再系统予以总结。卦辞合乎卦象，爻辞合乎爻象，浑然一体。高亨《周易古经今注》说："有人取筮人之旧本加以订补，将其对于事物之观察，对于涉世之经验，对于哲理之见解，纂入书中。其表达方法，或用直叙，或用比喻，或用历史故事。其目的在显示休咎之迹象，指出是非之标准，明确取舍之途径。"能进入这一境界，此人非周公莫属。

当年周文王创立后天八卦时，为六十四卦写了卦辞。每个卦辞都是对每一卦的卦象、天干、地支以及五行生克等关系的整体总结和概括。我们今天看到的《周易》六十四卦每个卦六个爻都有对应的爻辞，周公为六十四卦三百八十四爻写出的三百八十六个爻辞（《乾》《坤》两卦各有一用爻）。周公为什么要写爻辞？写爻辞并不是为了便于占卦，其真正的动机，是要把周朝之前的历朝历代兴亡成败的历史事实作为案例，告诫周朝后代子孙，只有顺应宇宙自然发展变化的规律，以史为镜，认真总结经验教训，审时度势，才能安邦定国，使国家实现长治久安。

【采访　同期声】

据《左传·昭公二年》（前540）记载："二年春，晋侯使韩宣子来聘，且告为政而来见，礼也。观书于太史氏，见《易》《象》与《鲁春秋》，曰：'周礼尽在鲁矣。吾乃今知周公之德，与周之所以王也。'"文中的"《易》"显然是文王所演之《易》，而文中的"《象》"应为周公所作之《象》，也就是《易传》中的《象辞》。通常人们把《象辞》分为《大象辞》和《小象辞》。《大象辞》解卦，《周易》六十四卦的每一卦都有与之相对应的《大象辞》；《小象辞》解爻，六十四卦的每一爻也有与之对应的《小象辞》。

【解说　音乐起】

《大象辞》的解卦部分都规范地以"君子以""先王以""大人以"和"上以""后以"作导语。在六十四卦中，以"君子以"作导语，《象辞》中的"君子"是周公的自谦之称，"先王以"就是周文王，"大人以"则是姜太公。《象辞》中的称呼，不仅是《象辞》作者乃周公的直接的佐证，而且也反映出《周易》和《象辞》的成书时间。周公对其父称先王，显然其父文王已过世，而姬昌被追认为文王应是武王伐纣建立了西周之后。周公对武王称"上以"说明《象辞》成书时，武王还健在。《周易》和《象辞》的成书时间应在文王去世后和武王在世时。《象辞》的成书时间应略晚于《周易》，应在武王建立西周之后和武王去世之前。《象辞》是一部解读《周易》的专用辞典，借助《象辞》可以深入了解六十四卦的卦义和内涵。如《乾》卦的卦辞只有"元亨利贞"四个字，孔子在《文言传》中对《乾》卦"元亨利贞"进行逐字解读："元者，善之长也。亨者，嘉之会也。利者，义之和也。贞者，事之干也。"而周公在《大象辞》中用"自强不息"这四个字来解读《乾》之卦义，他认为《乾》卦是讲天道的，而天道的运行规则是自强不息，突出了"强"是天道的本性。周公深感《周易》之博大精深，为了进一步揭示其易学思想的深邃内涵，特作《象辞》以解《易》。他还将《易》和《象辞》珍藏在西周的档案馆，又特地将一副本存放在自己的封地鲁国的太史处。在鲁国珍藏了五百年后，司马迁将这本书称为《周易》，使其闻名于世流传至今。

【采访　同期声】

周公之德，在于他继承并发展了"易"道，让后人从中悟出了自然万物发展变化的规律。周文王奠定了《周易》的核心思想，周公完成了父亲的心愿，他大功于周，不仅完成了《周易》的创作，而且稳定了西周王朝的天下。周公被后世儒家尊为儒学奠基人和元圣，把周公的人格作为最高的典范，把周初的仁政作为最高的政治理想，而把周公创立的礼乐制度作为终身倡导的社会规范。周公摄政七年，提出了各方面的根本性典章制度，完善了宗法制度、分封制、嫡长子继承法和井田制。周公七年后归政成王，正式确立了周王朝的嫡长子继承制。这些制度的最大特色是以宗法血缘为纽带，把家族和国家融合在一起，把政治和伦理融合在一起，这一制度的形成对中国封建社会产生极大的影响，为周族八百年的统治奠定了基础。

【解说　音乐起】

在《周易》成书的过程中，周公辅助其父为六十四卦三百八十四爻作了爻辞；之后又作《象辞》，对《周易》的卦义进行阐释；并将《象辞》的德义思想融入治国理政之中。周公作为军事家、政治家曾两次辅佐周武王东伐纣王；周公摄政七年，在政治上确立了根本性的典章制度；在军事上建成了以西周为中心的模式；在文化上制礼作乐，集周礼之大成。清华大学教授李学勤认为，对周公事迹、思想及影响的探讨，历来是学术界关注的重大问题。

第五集

《易传》

【字幕　淡入淡出】

《易传》的思想体系与孔子思想吻合，是《易传》孔子作的最有力的内证。《周易》是一部哲学书，卜筮是它的形式。

——易学名家　吕绍纲

【解说　音乐起】

《周易》之前的上古时代，有伏羲的先天"易"、神农的《连山易》和黄帝的《归藏易》。这几种只有卦画，没有文字，无论从其产生的历史背景以及应用，还是就其自身内容看，它就是一本古人类对大自然的简单的认知和反映的书，用"八卦"表现自然的八种性质，其功能作用是预测天气现象和卜筮吉凶。通过一定的筮法起卦和占断，并利用六十四卦和三百八十四爻的变化来预测吉凶。这种占卜和预测，无非是对一些偶然的占卜结果所作的记录，反映了古人对无知或无法把握的外在世界的一种幻想上的理解。

《易经》中记述占卜结果的卦、爻辞，并不具备普遍性和必然性，不是理性思维的结果，无法对现实人生真正起到指导作用。《周易》古经，是周文王在《连山易》《归藏易》的基础上发展起来的。当时，周文王所处的时代是奴隶社会，原始社会人与自然的主要矛盾开始转化为人与人之间的矛盾。他对《易经》的研究也由此开始发生变化，把原来以自然为本转化为以人为本，转变为以探讨自然、社会与人三者之间的关系为重点。

《周易》，不仅将《易》变成了一种卦画与经文合成的形式，而且将《易》改造并充实了修身养性的德义等人文内容。由此，《周易》便不是一本纯粹的预测与占筮之书了。这标志着古人开始意识到自身的力量，由迷信转向哲学的人类觉醒，是哲学与迷信相混杂的一种认知体系。

周文王五百年之后，春秋末期，孔子及其弟子把《周易》古经占筮之中蕴藏的哲理提炼出来，并且发挥得淋漓尽致。他们借《周易》的框架，通过对旧形式语言的新阐释，说出了新时代人对宇宙的理性思考，代表了先民哲学地把握世界的思维成果。

从此，《周易》成为一本关于宇宙和人的充满伟大哲理的书，标志着哲学从神学中脱胎而出的人类新觉醒。直到汉武帝废黜百家独尊儒术，《周易》一跃而为《易》《诗》《书》《礼》《乐》《春秋》六经之首，成了中国传统文化的首要代表作。以后的《周易》之书也就由《周易》古经和《易传》两部分组成。

【采访　同期声】

正是通过《易传》的解释，方才给整个《周易》系统赋予了深刻的思想内涵，把作为卜筮工具的先民最初的宇宙模式化符号从宗教迷信的氛围中解放出来，使之成为人类精神的物化形式，对后来几千年的中国传统哲学和文化都产生了深远的影响。

【解说　音乐起】

经，是规律，是经典。传，是对经文的诠释。《易传》，又称《十翼》，这十篇文章的创作宗旨均在解说"经文"大义，犹如"经"之羽翼，故汉代人称之为"十翼"，意为《周易》安上了十个翅膀，让其飞得更高更远。《易传》包括：《彖上传》《彖下传》《象上传》《象下传》

《系辞上传》《系辞下传》《文言传》《序卦传》《说卦传》《杂卦传》共七种十篇文章。一开始，《彖传》《象传》《文言传》分别穿插在《周易》六十四卦之中，以解释卦、爻象和卦、爻辞的形式出现，《系辞传》等四传则单列于后。后来，这十篇文章都已单列成篇。

【采访　同期声】

《易传》，作为先秦儒家的重要典籍，虽然重视《周易》古经的固有性质全面阐释，但始终以追求其哲学意义作为终极目标，建立易学哲学体系。

【解说　音乐起】

《易传》紧紧抓住德义修养问题加以渲染和拓展，认为只有德义高尚的人才能够运用《周易》达到预知未来的目的。以此教育人们，以《周易》作者为表率，进德、立诚、行善、和义、去恶、抑欲。

在此基础上，《易传》的《文言》《系辞》花费很大气力解说了《周易》的《乾》《坤》两卦和《谦》《复》《中孚》等卦的卦象符号和文辞的德义；《象传》更是摒弃了筮占，专门阐发了卦象的德义之义。孔子研究《易经》的原因，主要是当时的奴隶社会正走向瓦解。孔子以为社会动乱是"世道衰微，人心不古"所致，于是修订《诗》《书》《礼》《乐》《易经》，作《春秋》，以"克己复礼"为大任。

《易传》的内容十分丰富且深刻，可以说是对先秦儒、道两大学术思潮的综合和超越，同时，《易传》七种十篇论道各有侧重，彼此间观点既有联系，又有不同之处。《周易》与儒家有直接的血缘关系，二者经历了共同的命运。

【采访　同期声】

孔子说，《周易》乃忧患之作，是道德教训之书，读《易》要于忧患中提高道德境界，以此作为化凶为吉的手段。《周易》与孔子的思想关系，无论是《易》《尚书》《春秋》，都有一个共同的旨归——现实。

【解说 音乐起】

孔子通过这些书籍要表述的对象都是以现实的兴衰、祸福、吉凶为中心探求"推天道以明人事"。

孔子思想的根本出发点就是济世。儒家思想的实质与核心是治国平天下的社会实践，其基本内容在《周易》中已经以萌芽的形式大量出现。如《比》卦就是"和合"思想的源头，"比"体现了追求和睦亲善和安定互助的社会环境的政治理想；《临》卦则阐述了治国安民的具体策略，也是儒家仁政爱民、正身律己、德治教化思想在《周易》中的萌芽。《易传》作为一部古代汉族哲学伦理著作，对宇宙自然规律性的认识及其对人类思维模式自身的审视都达到了相当深刻的程度。《周易》是中华文化之根，是中华文明史上一部内涵精深、流传久远的经典。它对中国几千年来的政治、经济、文化等各个领域都产生过深刻而深远的影响。

【采访 同期声】

《易传》是长期以来古圣先贤们对易学的感受体会和经验的总结，是打开《周易》之门的金钥匙，是学易、研易必备的最基础的知识，它会使你全面地掌握易学的世界观和方法论，会使你顺利走进《周易》哲学的殿堂。

【解说 音乐起】

水至柔却有着无穷的力量，中国文化博大精深，有如大海一般浩瀚广阔。文化是一个民族的血脉，一个国家公民的精神家园。一片土地的历史，就是在她之上的人民的历史。

　　五千多年的华夏文明创造了博大精深的中华文化，中华文化积淀着最深沉的精神追求和独特的精神标志，成为中华民族生生不息、永固发展的丰厚滋养。

第六集

世界的《周易》（上）

【字幕　淡入淡出】

中国的思想对于那些想扩大西方科学的范围和意义的哲学家和科学家来说，始终是个启迪的源泉。

——物理学家、耗散结构理论创始人　普里戈金

【解说　音乐起】

许多西方学者曾把中华文明视为早熟的文明。明代末年，意大利传教士利玛窦翻译了《易经》中最主要的《乾》《坤》两卦。

《周易》这部以立象尽意的哲学典籍，风生水起地走向世界，是从1626 年开始的。1610 年和 1620 年，法国传教士金尼阁两次来华传教。1626 年，他的《周易》拉丁文译本在杭州刊印，标志着《周易》一书开始走出国门，进入西方国家，由此《周易》开始被译成多种多国语言版本。

18 世纪 30 年代，法国传教士雷孝思用拉丁文翻译的《易经》，起名叫《〈易经〉：中国最古的书》，在巴黎出版，这是西方现存的第一部系统介绍《易经》的著作。18 世纪 50 年代，法国传教士宋君荣的《周易》法国译本发表。

《周易》的外文译本中，以英国理雅格和德国卫礼贤的英、德译本影响最大，被西方易学界称为世界易学史上的"旧约全书"和"新约

全书"。

【采访　同期声】

这部被后世尊为"群经之首""中国文化之源""宇宙代数学"的《周易》，引起了世界各国哲学界、科学界人士的高度重视，从而使易学逐步成了一种国际性学问，不仅对西方文化发展起到重大的推动作用，也给西方文明提出了新的挑战，注入了新的活力。

【解说　音乐起】

早在公元前5世纪，在西欧凯尔特艺术中就有与后来的太极图相似的图案。后来在罗马帝国晚期的军服徽章中，出现了与远东地区几乎完全一样的太极图图案，只是颜色不同。美国易经考古学会，在亚利桑那州出土的七千年前的古印第安人使用的彩钵上，发现有7个表意符号，竟可以和六十四卦中的《复》卦相吻合。早在汉代，《易经》就传播到朝鲜半岛。关于"太极""八卦"究竟通过什么方式，如何传到欧洲、美洲以及亚洲各地，还是个谜。科学界提出了许多假想，有的认为古人还不具备如此高超的智慧，"太极""八卦"是"外星人"留给原始地球人的生存礼品；有的认为"太极""八卦"是人类上一个冰川期的产物，是上一届人类智慧的浓缩品，等等。虽然这些还有待于将来的考古发现和科学研究来予以证实，然而，已经可以说明的是，在人类社会发展的早期，太极八卦图已不单纯为中国古代文化所独有、所崇尚，而是潜藏在世界各民族文化的底蕴中，同样也是世界各民族文化的重要内容之一。

【采访　同期声】

《周易》被世界科学界所接受并应用于实践，是从德国开始的。1703年4月，德国数学家莱布尼茨提出了"八卦图像与二进位制数的关系"。他将八卦的阳爻和阴爻分别看作"1"和"0"，用二进制代替十进制。这就为后来利用电流的"通"和"断",解决计算机的自动运算中的任何问题提供了先决条件。

【解说 音乐起】

出于对太极八卦图的敬仰,德国法兰克福创立了中国学院。这是世界上第一家传播中国文化的教育研究机构。国际数学界许多学者纷纷提出:"易经的数理周密、广阔、巧妙,应把它摆到世界数学史殿堂中的最高位置。"从数学领域开始起步的易学,不久便引起其他学科的广泛关注,许多西方有识之士把目光逐渐转移到了东方。

英国著名科学家李约瑟,对东汉炼丹理论家魏伯阳的《周易参同契》尤为钦佩,他将毕生精力用于研究中国科学技术,在易学推动科技研究方面有一定的造诣。美国当代物理学家卡普拉认为易卦符号是一套宇宙模型,强调认识这套宇宙模型对于物理学研究有着相当的现实意义。还有的学者认为应用《周易》阴阳学说的理论进行实证研究,可以导致牛顿力学与相对论的统一,目前虽然尚无定论,但这却是爱因斯坦苦苦追求 40 年而力求成功的科学境界。

北京大学王文清教授认为,《易经》作为中国古代论述变化的书,指出在阴阳相互作用中有 64 种动态状态,《易经》所使用的程序化方法同计算机一样是建立在二进制数码的基础上,遗传密码的表示方法与《易经》有着惊人的相似之处。

【采访 同期声】

1996 年 10 月,首幅大型人类基因图谱发表于《科学》杂志,它绘出了 1.6 万个基因染色体所在的位置,说明人的一生的确定性和他们的遗传性程序是由 4 个碱基中任取 3 个,构成 64 个密码子的基因所控制。王文清用二进制表示"卦"的顺序,并以太阴、少阴、少阳、太阳分别表示尿嘧啶(U)、胞嘧啶(C)、鸟嘌呤(G)、腺嘌呤(A)4 个碱基的遗传密码表,发现二者竟似同一个密码系统。

【解说　音乐起】

英国科学家、中国科技史大家李约瑟 1954 年出版了《中国科学技术史》第一卷，轰动西方汉学界。在 20 世纪 40 至 50 年代，李约瑟就开始接触《易经》，研究了中国现代许多学者关于《易经》的见解。他在著作中对《易经》的论述，内容充实，涉及问题也很广泛。李约瑟在研究中国科技发展史时曾惊讶地发现，中国至少在明朝以前，物质文明等方面都处于世界前列，《周易》在世界自然科学界的影响是极为深远的。

从伏羲一画开天到精卫填海，从女娲补天到大禹治水；从秦始皇一统到汉唐盛世，从富庶大宋到繁华明代；从冶铁铸剑到火药发明，从造纸技术到活字印刷，从指南针的运用到郑和七下西洋……这些正是勤劳智慧的华夏子孙向世界奉献的文明成果，这些成果足以让世人钦慕、万国敬仰。

第七集

世界的《周易》(下)

【字幕 淡入淡出】

西方科学的发展是以两个伟大的成就为基础,那就是:希腊哲学家发明形式逻辑体系(在欧几里得几何学中),以及通过系统的实验发现有可能找出因果关系(在文艺复兴时期)。在我看来,中国的贤哲没有走上这两步,那是用不着惊奇的。令人惊奇的倒是这些发现(在中国)全都做出来了。

——著名科学家 爱因斯坦

【解说 音乐起】

古人类创造了灿烂辉煌的文明形态,如:古埃及文明、古巴比伦文明、古印度文明、华夏文明和古希腊文明。史籍记载,埃及、西亚、希腊、印度、中国曾经是世界古代文明的五大中心区域。而只有伟大的中华文明五千多年一脉相承、生生不息……

面对中西文化的激烈碰撞,许多学者力图创立整合中西文化的理论学说。美国夏威夷大学教授、国际易经学会创始人成中英先生,就是其中颇有建树之人。他创立了本体诠释学的哲学理论。他认为《周易》哲学是一种"二者兼取"的思维方式,是"一体二元"的思维构架,是整体的、辩证的、和谐的思维方式,本体诠释学是"根植于中国哲学理念之中,尤其是根植于强调整体作用的《周易》哲学之中"的理论。

【采访 同期声】

这一学说的基本特点在于：在内容上，整合中国传统的价值哲学与西方传统的知识哲学；在方法上，融汇中国传统的机体理性与西方传统的机械理性。其理论目标则是"最终消弭中西哲学的民族界域"，成立人类未来的"世界哲学"。

【解说 音乐起】

1984 年，第一届国际易学大会在韩国召开，有 60 多个国家和地区的代表参加了这次盛会。迄今为止，世界不少国家及地区成立了易学研究机构，创办了学术刊物，发表了许多研究成果，并运用到实际工作中，取得了令世人瞩目的成绩。

德国慕尼黑大学早就建有"东方研究所"，专门研究包括《周易》在内的中国文化。

法国成立有《周易》研究中心，成员约 800 人，大都是各高等院校的教授、公司的高级职员以及政府官员，每两周聚会一次，每期讨论一个专题。该会主办的刊物叫《卦》，不定期出版，在法国影响很大。

英国剑桥大学、俄罗斯的莫斯科大学也都有自己的《周易》研究学会，长年从事易学研究，对易学在英国和俄罗斯的传播起到了积极的推动作用。

这是比利时的鲁汶市。从空中鸟瞰这个城市的形象很像"太极"，为此，鲁汶市的易学爱好者便邀请法国、波兰、荷兰、芬兰、瑞典、挪威、希腊、奥地利、匈牙利、意大利、葡萄牙、西班牙等国的学者，组成了"世界太极科学研究院"，并办有《太极科学》杂志，在海外颇有影响。

在美国，易学研究机构比较普遍，几乎是遍地开花。既有国家级的易经学会，也有地方性的易学组织。纽约有《易经》研究会，洛杉矶有"易经考古学会",加州有"东方文哲精华学会",包括哈佛大学、耶鲁大学、芝加哥大学、康奈尔大学等许多著名高等学府在内,都有专门机构从事学术研究活动。

美国的许多专家、学者醉心于汉学,以此作为自己毕生的追求,芝加哥大学的夏含夷教授、哈佛大学的杜维明教授、康奈尔大学的倪策教授、鲍登学院的西宁教授对易学事业的发展都做出了积极的贡献。

著名易学大家成中英教授在美国创立了"国际易经学会",会员遍及世界各地,为易学文化在海外的推广和传播,发挥了极大的指导作用。

近年来,加拿大、墨西哥、巴西、智利、阿根廷等国也都先后建立起了国家级的易学组织。

【采访　同期声】

目前,日本、韩国、新加坡、菲律宾、马来西亚、泰国等国以及中国台湾地区都有不少易学组织。特别是日本,一直对《周易》情有独钟。

【解说　音乐起】

19 世纪 70 年代,日本开始进入明治维新时期,为了摆脱沦为半殖民地国家的危机,实现强国富民的愿望,明治政府大量引进世界各国的先进文化为己所用,尤其推崇《周易》。

明治天皇明确提出"不知易者,不得入阁"的政府组阁原则,在全国上下掀起了一轮又一轮的学易、用易热潮。

先进文化理念的引进和吸收,为日本从一个封建落后的国家迅速成为强大的资本主义国家,奠定了坚实的思想基础。

【采访　同期声】

目前,日本的高等学府几乎都有易学研究机构,东京大学、京都大学、筑波大学等都有专职人员从事易学研究，高桥进、池田之久等教授都是易学名家，他们让易学理论从传统的社会科学领域中走出来，将其应用到商业、金融、外贸、公关和军事等各行各业中，使易学理论在指导经济社会发展的实践中发挥得淋漓尽致。

【解说　音乐起】

在韩国，影响最大的组织是"韩国周易学会"，拥有数百个会员，他们创办学术刊物，定期举办讲座，普及易学知识，活动规范，力量很强。

泰国的曼谷大学、新加坡的新加坡国立大学、马来西亚的吉隆坡大学也都有自己的易学研究组织。

韩国的金容贞、泰国的郑彝元、新加坡的郭成发、马来西亚的陈启生先生，都是所在国家的易学权威，在易学研究领域均做出了较大的贡献。

此外，非洲的埃及、南非，大洋洲的澳大利亚、新西兰也都拥有自己的易学组织。

《周易》，作为人类生存、发展的哲学，不仅中国人民需要，求和平、求发展的世界人民同样需要，《周易》文化推向世界是历史的必然！

《周易》不仅是中华文化瑰宝，而且是全世界的珍贵文化遗产。其在大洋彼岸，在沙漠绿洲，在热带雨林，在高山平原，不断展示出自身神奇而又迷人的无穷魅力，为人类文明的进步谱写了一曲又一曲的辉煌乐章。

第八集

易学——中华文明的源流

【字幕　淡入淡出】

已有汉学家者指出，要了解中华文明，就必须理解这一文明的思想根基，他们的做法是追溯到中华文明形成之初，以寻找当时建立的思维和观念对后世中华文明发展的重要影响，从而呈现中华文明的核心要素。

——清华大学国学研究院院长　陈来

【解说　音乐起】

千百年来，华夏民族源源不绝地从《易经》之中寻找着文化智慧。

从伏羲创立"八卦"开始，到三皇五帝尊易，以"易"为指导探索自然，建立人与自然的关系。易学作为中华文明的渊源，被称为文化之根、大道之源、万法之宗，自然也是当之无愧的。

何谓文明？《周易·文言·乾》曰："见龙在田，天下文明。"这是"文明"一词在中国文字记载中首次出现。《周易·贲·彖传》曰："刚柔交错，天文也。文明以止，人文也。"意思是说（阴阳）刚柔相互交错，这是天文；得到文治教化而至于礼仪，这是人文。这句话阐明的是"天人合一"的道理。

"以文明人"，就是说，人的行为规则要合乎道德的要求，其意就是"以文明德"。所谓"文明"，是历史沉淀下来的，有益于增强人类对客观世界的适应和认知，符合人类的精神追求，能被绝大多数人认可和接受的人文精神、发明创造以及公序良俗的总和。

【采访　同期声】

易学是中华文明博大精深的根本，文化是文明的基础，文明则是文化的升华，这就是文化与文明的关系。

【解说　音乐起】

相传五千年前，黄河流域中下游一带的华山与夏水之间分布着许多部落，比较大的有炎帝和黄帝部落，后来炎、黄两部落融合发展成"华夏氏族"。2001年，中国社科院考古研究所开展了"中华文明探源工程"，对中华文明的起源有了一个新的认识。一般认为在今天中华文明影响的区域内，至少存在着六个独立的区域文明：以燕山南北长城地带为中心的北方区域，以山东为中心的东方区域，以洞庭湖与四川盆地为中心的西南部，以关中、晋南、豫西为中心的中原区域，以环太湖为中心的东南部区域，以鄱阳湖—珠江三角洲为一线的中轴南方。

著名考古学家苏秉琦通过"类型学"的方法，提出了"区系类型理论"及"古代古城古国"文化起源发展模式，由原来中华文明起源的"一元论"变成了"多元论"，开启了中华文明研究的新时代。苏秉琦先生提出"满天星斗"的解释模型说，新石器时代的中国，甚至到夏商时期，其实同时存在着发展水平相近的众多文明散布在中国的四面八方，犹如天上群星之星罗棋布，而中原文明只是众星之一，而且并非众星之核心。

著名哲学家冯友兰先生说："《周易》这部书可以说是一部'精神现象学'。"博大精深的易学，是中华文明的重要源头。《易经》与中华文明有着密不可分的联系，深刻地体现了中华文明发生、发展、定型的整个历史过程。文明的概念，是说人类所创造的物质财富和精神财富的总和，分为物质文明和精神文明。文明是使人类脱离野蛮状态的所有社会行为和自然行为构成的结合，而易学构成的文明行为与特征就是指道德礼仪、诸子百家、五常六经、语言文字、信仰以及家、国等。《易经》从始至终伴随着中华文明发展的历程，经历了伏羲、神农、黄帝、周文王、孔子五位圣人的时代。

【采访　同期声】

中华文明始祖伏羲，"一画开天"始作八卦，成为中华文明的肇始，到三皇之一的神农氏创立《连山易》，五帝之首的黄帝创立《归藏易》，再到周文王姬昌演绎《周易》，还有孔子及其儒家弟子全面阐释《周易》古经，作《易传》，从而建立了一套完整而独特的东方文化和文明体系。

【解说　音乐起】

《易经》是中国文化的结晶，是东方乃至世界人文的基础。其含义是用刻画数字的符号表现天地自然的变化之道，其实质内容主要来源于人们的生活生产活动与天地自然的关系，从而认识掌握自然、社会和人三者的关系。《周易》是中国文化宝库中最为古老的典籍，是中华传统文化中自然科学与理论实践的根源。它以深邃的构思和超凡的远见，广泛涉及政治、经济、军事、哲学、文化、历史、中医、天文、地理、人伦、数理、生物学、文字学、宗教等领域。

【采访　同期声】

《周易》产生了一整套体系完整的中国哲学方法、思维方式和积极向上的民族精神。它对中华文明的创立、奠定和弘扬起到了开创作用，同时对世界文明的发展做出了不可磨灭的贡献。

【解说　音乐起】

《易经》是中华文明发生、发展的源流。几千年来一脉相承，历久弥新，在人类伟大的文明史上闪耀着无比的光芒。当今时代，中华文明为人类提供了正确的精神指导和强大的精神动力，需要挖掘好、运用好《周易》文化这一中华文明宝库，适应时代的进步和发展，对中华文明的内涵加以补充和创新，展现中华文明的伟大风范。

第九集

易学与中华"龙文化"

【歌声　歌词字幕　淡入淡出】

古老的东方有一条龙，它的名字就叫中国。古老的东方有一群人，他们全都是龙的传人。巨龙脚底下我成长，长成以后是龙的传人。黑眼睛黑头发黄皮肤，永永远远是龙的传人……

——歌曲《龙的传人》

【序】

这是位于亚洲东部和中部，靠太平洋西岸，国土面积居全球第三位的中国。生存在这块版图上的中华民族，几千年来一直以"龙的传人"为自豪。中国是龙的故乡，在龙的身上凝聚着中华民族的历史，代表了中华民族大团结、大统一和奋发向上的精神风貌。

【推出片名　字幕　淡入淡出】

易学与中国"龙文化"

【解说　音乐起】

2017 年 11 月 8 日，习近平陪同时任美国总统特朗普参观故宫太和、中和、保和前三殿时曾介绍说，中国的历史可以追溯到五千年前，或者更早。中国的文化是没有断流传承下来的。我们这些人也是原来的人——黑头发、黄皮肤，传承下来，我们叫龙的传人。这段对话，极大地引发了中华儿女的民族自豪感。

龙，是中华民族的最崇高徽号和标记，同时，也是中华民族最具代表性的传统文化。在中国太古神话传说中，龙是神异动物，象征着祥瑞。东汉许慎《说文解字》记载："龙，鳞虫之长，能幽能明，能细能巨，能短能长。春分而登天，秋分而潜渊。"

【采访　同期声】

相传，龙起源于中华文明始祖伏羲氏族的图腾，起源于原始人对某种动物或自然物的崇拜，之后，成为一个民族认定的标志。时至今日，我们还常说"龙的传人"或"龙的子孙"，这就是祖先图腾观念的传承。伏羲用易学的道理指导自己部落的生存和发展，使氏族的力量逐渐壮大，最后终于称王于天下，成为中华民族的人文始祖。《易》，作为文字发明之前以"八卦"为符号的系统，能帮助伏羲称王于天下，自然也就成为历代称王于天下者所掌控的法宝。

【解说　音乐起】

相传六千五百年前，太昊伏羲氏生于成纪（位于今甘肃天水）并成为部落首领。这一带多风沙、雨水少、土地贫瘠，为求生存，伏羲带领其部落从甘肃天水卦台山沿黄河游牧东下进入关中，出潼关，傍崤山、王屋山、太行山东迁，而后折向东南，逐水草而牧，来到宛丘（今淮阳）。见这里沃野千里，湖波渺渺，最后即定都于淮阳，素有龙都之称。这一活动地区，大体与仰韶文化古遗址的分布区相吻合。伏羲为帝后，做了很多启发民智的事情。其主要功德是结网罟、兴渔猎、养牲畜、充庖厨，画八卦、造书契等。后人因此称他为"人祖""龙师"，意为其功德无量，像日月那样光明。伏羲将八卦重叠为六十四卦，推测自然万物现象的发展变化，开创了人类文明的先河。伏羲死后葬于宛丘，即淮阳太昊陵。

太昊伏羲陵，以伏羲先天八卦数理兴建，是为天下第一陵。其始建于春秋，增制于盛唐，完善于明清，历经岁月2700多年，历代帝王51次御祭。太昊陵景区内主要景点为贯穿南北走向的中轴线上的一系列建筑。中华一脉，始自伏羲。太昊伏羲陵以其跨越时空的巨大力量，牵动着龙的子孙之心，凝聚着羲皇胄裔之情。古往今来，历代名门望族、文人墨客纷纷前来朝宗谒祖，每年农历二月初二至三月初三，这里都举行规模盛大的朝祖庙会，吸引了大批国内外游客，港澳台同胞、海外侨胞及国内外名流络绎不绝，前来祭祀伏羲大圣，日客流量最多时达20万人次，形成群众性朝拜活动的高潮。

【采访　同期声】

传说上古的帝王大都与龙有关，或具有龙性。三皇之一的神农氏为其母感应"神龙首"而生，死后化为赤龙。他创立《连山易》讲阴阳对待，引中医本草，造历法。相传上古"五帝"——黄帝、颛顼、帝喾、帝尧、帝舜，与龙文化都有着这样那样的联系。"五帝"之首的黄帝，长得"龙颜有圣德"，他创立《归藏易》，制定历法，还发明衣裳、车船等。五帝之二的颛顼，"乘龙而至四海"巡行天下，以北极、北斗观察天象而发展易学，制成了阴阳历。五帝之三的帝喾，"春夏乘龙"，根据易学原理及天象物候，划分四季时令。"五帝"之四的帝尧，传说其母庆都"出以观河，遇赤龙"，致孕生尧。尧以"易"变之理实行"政教分离"变革，开创教育办学。五帝之五的帝舜，生就一副"龙颜大口黑毛"的模样，他遵循易学之理路，教化宗法伦理道德。

【解说　音乐起】

中国龙文化多彩多姿，深入社会各个层面和角落，龙成为一种文化的凝聚和积淀。如龙装饰、雕龙、建筑上的龙物、元宵节舞龙，还有龙灯、二月二龙抬头吃龙须面、端午节赛龙舟，又有龙图画、龙书法、龙诗歌、龙歌曲等，龙文化长期以来在民间广为流传。

中华第一龙，出自中华五帝之一颛顼的故地——濮阳。1987年，河南省濮阳县城西水坡修建了一座引黄供水调节池，发掘出仰韶文化时期三组蚌壳砌龙虎图案。第一组45号墓穴中男性骨架右边有蚌壳摆塑一龙，左边有蚌壳摆塑一虎，与古代天文学的东苍龙、西白虎"四象"内容相符。与传说中的"黄帝骑龙而升天""颛顼乘龙而至四海"的内容相符。这就说明，中华民族在形成初期，就把龙作为自己的图腾。中国社会科学院考古研究所对蚌壳进行标本测定，距今6500年，把中国天文学的"四象"在原2800年历史基础上又向前推了3700年。

【采访　同期声】

《周易》六十四卦第一卦《乾》卦，以龙喻人，进一步引申出人生的哲理。《乾》卦全篇的卦辞、爻辞都在讲"龙"，从初爻的"潜龙，勿用"讲起，至上九爻的"亢龙，有悔"结束，以龙的变化来揭示人事变化吉凶，同时也显示了事物产生、发展、昌盛、衰退的自然规律。

【解说　音乐起】

中华民族是一个历史富足、文明悠久的民族。《周易》倡导的自强不息、厚德载物，是中华民族精神的核心，也是中华"龙文化"的主要表现。"龙文化"伴随着伟大的中华文明，源远流长，孕育了中华民族的宝贵精神和品格，培育了中国人民的崇高价值追求，支撑着中华民族生生不息，薪火相传，今天依然是我们推动改革开放并进行社会主义现代化建设的强大的精神力量。

第十集

《周易》与中华民族精神

【字幕 淡入淡出】

近几年来，关于中华民族的民族精神，我提出一项见解，认为《周易大传》的两句话"自强不息""厚德载物"是民族精神的集中表述。

——著名哲学家 张岱年

【解说 音乐起】

华夏族是黄河流域的最早居民。也就是说，中华民族的文明史最早可以追溯到六七千年前。据史籍记载，埃及、西亚、希腊、印度、中国曾经是世界古代文明的五大中心区域。伟大的中华文明五千多年一脉相承、生生不息，而在漫长的社会历史发展过程中，所有朝代的统治者无不受着《易经》哲学思想的影响。

在中国文化史上，《周易》被尊为"群经之首""大道之源"，大到治国安邦，小到修身齐家，人们都习惯于到《周易》中去寻找答案。据相关统计，汉语中有200余个成语源自《周易》，这些成语蕴涵着极其丰富的精神内涵，堪称对中华民族精神内容的经典概括和文化浓缩，对后世影响持久而深刻。这种精神体现了中华各民族生活方式、理想信仰、价值观念，是中华民族赖以生存和发展的精神纽带与支撑的动力，也成为当今创新社会主义先进文化的民族灵魂。

【采访　同期声】

"自强不息"这个成语，源自《周易·乾·象传》。作为一种精神，它是中华民族生生不息、长盛不衰的精神力量，也是中华民族薪火相传、继往开来的精神动力。

【解说　音乐起】

在中国历史上，自强不息的精神可以说始终是中华民族拼搏进取、艰苦奋斗、奋发图强的力量源泉。在《周易》中，强调这种进取精神的还有"朝乾夕惕""持之以恒""革故鼎新"等。中华古代先圣，从盘古开天辟地、伏羲一画开天，到神农尝遍百草，黄帝初造书契、发明车船，再到行善政让天下的唐尧虞舜的勤劳躬耕、治平水土的大禹，还有诸多古代神话传说，都突出地反映出中华民族的优秀品格。

"厚德载物"，出自《周易·坤·象传》，体现了中华民族的宽容精神。它要求做人像大地那样厚实宽广，能够承载万物，在为人处世方面心胸开阔，严于律己、宽以待人。此外，《周易》中提倡这种宽容精神的还有"殊途同归"。说明走不同的道路而到达同一个目的地，比喻采用不同的方式、方法得到相同的结果，进一步体现出宽容精神和兼容意识。清华大学将"自强不息"和"厚德载物"这八个字定为校训，作图制徽，永久留念。

【采访　同期声】

团结统一的凝聚精神，是成就事业的基本保证。

《周易·系辞上》曰："二人同心，其利断金。同心之言，其臭如兰。"这段话是孔子说的，意思是说两人同心，其锋利可以断金；同心的语言，听来就像闻到兰花的香味。后来形成了两个成语：一个是"二人同心，其利断金"，意思是说两个人一条心形成合力，好像锋利的刀剑能斩断铜铁；另一个是"金兰之友"，用来形容交情非常深厚的朋友。两个成语都是在强调团结的精神。

【解说　音乐起】

诚信，是中华民族精神的一个极其重要的方面。《周易·文言传》说："君子进德修业。忠信，所以进德也。修辞立其诚，所以居业也。"表达注重文化教养，做到立身诚实的思想。在《周易》中体现这种诚信思想的还有两条：一是从《周易·中孚·象传》中的"'豚鱼吉'，信及豚鱼也"一语提取出来的"信及豚鱼"，指其诚信到了不可忽略猪、鱼等小物的地步。另一条是由《周易·文言传》的"闲邪存其诚"一语中浓缩而成的"闲邪存诚"，意思是说提防自己的邪念邪行，以诚心自持。

【采访　同期声】

"谦虚谨慎"是中华民族大力提倡的美德之一。《周易》第十五卦《谦》卦辞："亨，君子有终。"表明谦道美善可行。除此，涉及谦虚美德的理念还有"谦谦君子""卑以自牧""谦尊而光""大而能谦"等等。

【解说　音乐起】

《周易·谦》卦："初六，谦谦君子，用涉大川，吉。"《周易·象传》曰："谦谦君子，卑以自牧也。"后形成了"谦谦君子"和"卑以自牧"这两个成语。"谦谦君子"指谦虚谨慎、能严格要求自己以及品格高尚的人。"卑以自牧"则是要求人保持谦虚的态度，提高自身的修养。

"谦尊而光"出自《周易·谦·象传》的"谦，尊而光，卑而不可逾"，意思是说谦虚之德，以自我谦抑而更加光明显耀，以自处卑下而不可凌越。唐代大儒孔颖达疏："尊者有谦而更光明盛大，卑谦而不可逾越。"是说尊者谦虚而更显示其美德。

　　《周易·序卦传》说："有大者，不可以盈，故受之以《谦》。有大而能谦必豫。"是说拥有大富而不可满盈，所以继之以《谦》。有大富而懂得谦让必定安乐。出自此句的"大而能谦"这个成语，后来泛指既有一定的地位名望或财产，又能够谦虚待人之人。

第十一集

《周易》的哲学思辨

【字幕 淡入淡出】

我们要用马克思主义理论、方法看待《周易》。《周易》确实是卜筮之书，但它的宝贵之处不在卜筮，而在于卜筮里边蕴藏着的哲学内容。

——易学名家 金景芳

【解说 音乐起】

哲学，起源于古希腊，是一种理论化、系统化的世界观。《周易》则是中国哲学的源头活水。

《周易》研究的是天地之源的"太极"，万物之变的"大道"。从研究的对象看，《周易》具有哲学的性质，是一部以占筮为形式的古老的哲学著作，它具有卜筮、哲学、历史、科学等多种属性。《周易》将宗教与理性的哲学共存一体，并不奇怪，因为哲学就是从宗教中脱胎而出的，逐渐形成了思辨的特色。

孔子把《易经》作为哲学著作来研究。卜筮是"易"的表现形式，他研究的易理却是内核。孔子曰："我观其德义耳……吾与史巫同途而殊归者也。"说明孔子研究易不搞卜筮，只研究易之辞，与专搞卜筮之人虽然是同途搞易学，但其目的却不同。

哲学是人们对自然、社会和人生的一种认识、领悟和理解。在原始氏族社会，人们的认识能力低下，总认为世间存在一种超自然的力量，把"天"想象为有意志的主宰之神。八卦、六十四卦原本就是供占卜用的，有迷信宗教色彩是可以理解的。

自孔子《易传》十篇传世后，《周易》以其伟大的启示力和无穷的诱惑力启发了历代哲人的头脑，并将哲学引向了一个光明的方向。这种以阴、阳符号表现宇宙和万事万物的发展变化就是哲学辩证思维的观念。

《易经》八卦作为世间万事万物的代表，包括时空、方向、自然物、人类社会和生命体等五个方面。周文王后天八卦在代表的时空方向中，震为东，兑为西，离为南，坎为北，巽为东南，坤为西南，乾为西北，艮为东北。

在代表的自然物中，乾为天为马、坤为地为牛、震为雷为龙、巽为风为鸡、坎为水为猪、离为火为雉、艮为山为犬、兑为泽为羊等等。在代表人类社会中，乾为头为父、坤为母为腹、震为足为长男、巽为股为长女、坎为耳为中男、艮为手为中女、兑为口为少男、离为目为少女。

【采访　同期声】

八卦作为一个系统，演示了世间万物的变化。将八个卦两两重叠，即构成了六十四卦，这六十四卦卦象不仅是绚烂瑰丽的自然之象，也是光怪陆离的人文之象。

【解说　音乐起】

六十四卦是打开宇宙密码的金钥匙。六十四卦实际上是含有4096种变化的64种数字模型，这64种模型模拟了世界的各种变化，它将自然之象和人文之象放在一起表达，这就是天人相通，也叫"天人合一"。

《周易》哲学思想的核心就是互依、互立、互变、互根，又互为统一的阴阳，表述了现代哲学中的矛盾两面性。《周易·象传》对六十四卦卦义的解释，充分体现了这一道理。

《乾》卦曰："天行健，君子以自强不息。"《坤》卦曰："地势坤，君子以厚德载物。"《蒙》卦曰："山下出泉，蒙。君子以果行育德。"《屯》卦曰："云雷，屯。君子以经纶。"《益》卦曰："风雷，益。君子以见善则迁，有过则改。"这些都表明，在"天之道"和"民之故"之间是存在着同一性的，人们通过认识和效法天道，就可以从中汲取教益，引申出人事所应该遵循的原则。

世界是什么？这是任何哲学都要首先回答的问题。《周易》坚持了古代朴素唯物主义一元论，对条件决定论、因果关系、社会历史的演化、人的道德价值、自强不息的主观能动性等许多哲理也都有所论及，其中不乏有价值的观点和思想。正如《周易·序卦传》所说："有天地然后有万物，有万物然后有男女，有男女然后有夫妇，有夫妇然后有父子，有父子然后有君臣，有君臣然后有上下，有上下然后礼仪有所错。"

【采访 同期声】

"太极"是万物之源。这种太极生天地、天地生万物的宇宙发展模式竟然与当代科学的"大爆炸宇宙模型"有惊人的相似。

中国的阴阳理论认为，宇宙之初源于无极生太极，太极生两仪，两仪生四象。易学上太极分裂与"大爆炸宇宙论"有相同之处。

【解说 音乐起】

《周易》这本书，本身就产生在忧患之中。它是《周易》人生哲学体系中的一个重要部分。《周易·系辞下》说："是故君子安而不忘危，存而不忘亡，治而不忘乱，是以身安而国家可保也。"告诉我们在任何时候都必须头脑清醒，必须保持忧患意识，只有这样才能使个人得以平安，国家也得以保全。

从思维角度来说，它有别于西方空间思维角度，中国古人的思维角度是时间角度。中国古人有着强烈的忧患意识。比如《坤》卦初六爻辞说："履霜，坚冰至。"意思是说脚下既已踏霜，坚冰必将到来。它告诫人们要见微以知著，防微而杜渐。《周易》强调做人要符合天道，要戒惧危亡，但是处忧患之时绝对不可以因个人的一时安危而放弃做人的原则，要以德为准则，要进德修业。

【采访　同期声】

《周易·系辞传》中选取了九个卦，分三次叙述道德问题，即所谓的"三陈九卦"，以见其处忧患而不失操守，进德修业以摆脱困顿之意，进德修业才能保守天地之道。意思是说人处于困境时，为了摆脱困境，最容易丧失德行和操守，而《周易》提醒人们即使身处困境，也要守节不移，临危不乱才是摆脱困境的正道。

【解说　音乐起】

《泰》卦九三爻辞曰："无平不陂，无往不复。艰贞无咎。勿恤其孚。"意思是说，事物总是处于对立面的相互转化之中，否极泰来，人处困境之中，一定要不失其信念，坚持道德操守，进德修业，见机而作，才能终得善果。反之，如果不能坚持道德操守，为了摆脱困境不择手段，终究不会有好的结果。

《周易·蛊·象传》说："山下有风，蛊。君子以振民育德。"意思是说，作为人如果在逆境中都可以保持自己坚贞的操守，那更不必说顺境了！

【采访　同期声】

中国著名学者邓拓曾经说过，我国最早的纯粹抽象的科学家理论著作应该以《周易》为代表。直到现在，人们对于《周易》的研究显然还是不够的，但是可以断定，它是人类最早的关于宇宙观和一切事物发展变化的规律性研究的知识总汇。

【解说　音乐起】

"复杂性问题研究"是当代世界最前沿的科学问题。美国和英国的科学家曾这样评论《周易》：在我们思考混沌和复杂性科学理论的社会意义时，中国古代哲学思想给我们以巨大的灵感。很明显，《易经》的作者曾经长期深入思考过自然界和人类活动中的秩序与无序之间的关系，他们最终将这种关系称为"太极"。

一位《易经》的英语译者布洛菲尔德将"太极"的概念描述为："普遍真理，终极原因，至高无上，永垂不朽，万古不易，变化万千，独一无二，无所不包。此外无物，无物无此。万物源此，无物源此。万物归此，无物归此。此乃万物，此非万物。此即太极。太极至显于易——变易。"

《周易》是中国古代哲学思维、文化思维和灵智思维的多维载体。历史是现实的基础，也是开创未来的启示。孔子曰："易之为书也，不可远（离）。"读《周易》可以"上知天文，下晓地理，中通人事"，可望进入"道通天地有形外，思入风云变态中"的大境界，从而通天下之志，定天下之业，断天下之疑。

第十二集

易学与儒、道、佛的融合

【字幕　淡入淡出】

《中庸》讲君子的德行说……看来，是本于《象》文。

——著名易学家　朱伯崑

【解说　音乐起】

儒学，起源于东周的春秋时期，是中国儒家的学说。儒学思想，从汉武帝时期起，就成为中国社会的正统思想，成为官府推崇的主流文化。儒学，如果从孔子算起，绵延至今已有两千五百余年的历史了。随着社会的变化与发展，儒家学说从内容、形式到社会功能也在不断地发生变化与发展。儒学思想，由孔子创立、孟子发展，而集大成于荀子。

儒家思想的实质与核心，是"修身、齐家、治国、平天下"的社会实践，而其基本内容，在儒学出现五百年前的《周易》就以萌芽的形式大量存在着。

据相关研究统计，16世纪以前，影响人类生活的重大科技发明约有300项，其中175项是中国人发明的。这说明《易经》及儒学思想，不仅对于中国，而且对于东亚乃至全世界都产生过深远的影响。

【采访　同期声】

《周易》对老子有着深刻的影响。老子《道德经》说："道生一，一生二，二生三，三生万物。万物负阴而抱阳，冲气以为和。"意思是说，一是指"易有太极"的混沌未开状态，二是指分阴阳，三是指阴阳得到三画，三画而八卦成，象征世间万物，故三生万物。"冲气以为和"，是指阴阳二气相互激荡交流而成为一种均匀和谐的状态。由道生一而说万物，由万物而说阴阳，论述的是阴阳配合的运动规律。

【解说　音乐起】

《道德经》奠定了道家的哲学基础，论述了道的性质和意义，提出了尊道贵德、全德守一、归于无极的哲学依据，全面涉及了本体论、方法论、认识论和价值论等哲学问题。

老子《道德经》明确指出："人法地，地法天，天法道，道法自然。"其意是人通过效法大地的柔静来达到如天的清宁，达到道的无为而无不为的境界，返璞归真，回归自然。老子一再提"道"，究竟何为"道"？实质上他指的是宇宙的本原。而《易经》中的"道"是怎么说的呢？《系辞》曰："一阴一阳之谓道。"《易经》的核心始于阴阳两个基本概念，《易经》是自然法则，也是人类社会的最高法则，地球的公转与自转产生寒暑、昼夜，自成阴阳。这个阴阳之道皆由太极所变化，这与老子所说的"道"一样是自然规律，可谓珠联璧合。

【采访　同期声】

佛教由印度传入我国，至今已有两千多年的历史。佛教传入中国后，开始时有点"水土不服"，发展较慢。为了适宜中土文化，禅宗开始将佛理加以融合。禅乃梵文音译"禅那"，其意译为"弃恶"，它的基本含义就是息心静寂的参悟。禅宗的创始人是菩提达摩，六朝时期从印度渡海来到中国，以佛法教人，后进入嵩山少林寺静心观壁，并深入分析儒家和道家的思想特征，还经常利用易学来阐述禅理。

【解说 音乐起】

佛学借助易学丰富自己的理论，《方山易》是佛教用《易经》解释《华严经》的释文，它把《华严经》与中国的《易经》相融合，是佛教研究易学的最高境界。唐代佛学者李通玄用《易经》来解释《华严经》，可以说是佛学中国化的开始。李通玄根据易学的"太极生两仪，两仪生四象，四象生八卦"的模式，进一步构造了佛学与易学理论联系在一起的结构。他用佛家的道理理解易学，认为六十四卦、三百八十四爻为有机之整体，对构成人、事、物相的基本因素和阳气、阴气的运动变化有精辟的见解。佛教为了求发展走上了佛、易相互影响的道路，对中国文化产生了重大而深远的影响

【采访 同期声】

儒、道两家本起源于《周易》，而佛教选择了与中国本土文化相结合的道路，所以在中国形成了一部三教融合的发展史。中国的传统文化源远流长，儒、释、道三家各自发展，各有传承，统贯着学术与文化的命脉。作为中国传统文化的精髓，儒、道、佛三家的思想体系总是在矛盾斗争与融合渗透中发展，就像三枝奇葩各放异彩，互相辉映。

【解说 音乐起】

《周易》乃群经之首、大道之源，道家思想的理论基础可以追溯到《周易》，其中的符号结构、阴阳思想及卦爻辞，都对道家思想起到了启发和诱导的作用。佛教进入中国，必须解决与中国本土文化相容的问题。这就必须从中国传统文化的经典中寻找理论契合点，而《周易》是"群经之首""三玄之冠"，只有向《周易》靠拢，才能逐渐取得合法的地位。

　　历史上流传着所谓"以儒治世，以道治身，以佛治心"的说法，比较精辟地总结出三者之间彼此互补的关系，成为中华传统文化一道亮丽的风景线。

第十三集

传承发展中华优秀传统文化

【字幕 淡入淡出】

实际上八卦代表了最高的智慧。所以有人说"《易经》是经典中之经典，哲学中之哲学，智慧中之智慧"。

——国学大师 南怀瑾

【解说 音乐起】

《周易》，从古至今，千百年来不仅给世人留下了一层厚厚的神秘而深沉的面纱，而且也留下了"封建迷信"与"哲学思想"的口舌相争。

"易"，诞生在人类还没有发明文字的上古时代，伏羲以阴阳符号为基本元素，以阴阳组合为基本框架，以阴阳框架的形态代表万事万物，以阴阳框架的变化代表万事万物的发展变化。伏羲立象设卦，六画成卦，其动因就是预测的需要。

【采访 同期声】

卜筮是《周易》基本的、原始的功能。商代末期，周文王姬昌被囚羑里，在患难之中发愤治学，演绎六十四卦，创立后天八卦，顺应天地自然变化之规律。五百年后的春秋末期，孔子及其弟子作《易传》十篇，以德义思想对《周易》古经进行全面的阐释，从而剥去了其宗教那层外衣，显示出其丰富的哲学内涵，使《周易》由原来的卜筮转向了哲学的领域，使中华文化产生了一个重大的飞跃。

【解说　音乐起】

1949 年中华人民共和国成立，社会经济基础及社会上层建筑发生了天翻地覆的变革。在新形势下，对传统思想文化实行批判继承、推陈出新。20 世纪 60 年代初，学术界掀起了关于《周易》的一次学术讨论，北京大学哲学系冯友兰教授，率先发表易学论文《〈易传〉的哲学思想》。接着任继愈、李镜池、李景春、高亨、繁星等纷纷响应，掀起了关于《周易》成书及其性质、哲学思想等的学术讨论。

20 世纪 80 年代，中国进入改革开放的新时期。高亨《周易古经今注》（1984 重版）为第一批注译著作。1984 年在武汉召开第一次中国周易学术研讨会，1987 年在济南举行第一次国际周易学术研讨会，1989 年在安阳召开周易与现代自然科学第一届全国学术讨论会。海内外同时掀起了"周易热"，易学著作、易学刊物纷纷出版。1989 年以来，黄寿祺、张善文《周易译注》，金景芳、吕绍纲《周易全解》，周振甫《周易译注》，唐明邦主编《周易评注》，这批注译本反映了《周易》研究的新水平。刘大钧、林忠军《周易古经白话解》《周易传文白话解》，徐子宏《周易全译》，朱伯崑主编《国际易学研究》，余敦康主编《易学与管理》，陈德述、杨树帆《周易入门》，等等，诸多易学著作不仅为广大易学爱好者提供了入门知识，而且也对易学普及事业做出了重要贡献。

长沙马王堆汉墓帛书《周易》出土后，在海内外的学术影响与日俱增。有不少专家学者多年精心考证诠释，张岱年、饶宗颐、严灵峰、朱伯崑、张政良、李学勤、余敦康、张立文、陈鼓应、廖名春等纷纷发表论文，掀起帛书《周易》研究新高潮。

【采访　同期声】

随着易学队伍的逐渐壮大，各地纷纷成立易学研究机构。具有易学权威的全国性易学研究机构也脱颖而出。如中国周易研究会，1989 年由武汉大学教授、著名易学家唐明邦筹建。唐先生与学生萧汉明多年来精研《易经》，开创了珞珈周易学派。该会以历史唯物主义和辩证唯物主义为指导思想，积极促进传统易学与现代文明相结合，旨在与全国热爱易学和从事易学研究的专家学者共同对易学进行深入细致的挖掘、归纳、整理，推动易学文化的健康发展。

中国周易学会于 2000 年在山东大学周易研究中心的基础上正式更名为"中国周易学会"，业务主管单位为教育部，挂靠在山东大学。会长刘大钧，为山东大学易学与中国古代哲学研究中心主任，山东大学终身教授、博士生导师，《周易研究》主编。该会多年来坚持从事易学研究，尤精于象数易学研究，对易学中许多重大疑难问题提出了重要见解，并形成了象数与义理兼顾的易学研究路数。

国际易学联合会，是各国各地区与易学有关的学术团体、研究机构联合组成的国际学术组织。2004 年在国家民政部登记注册，业务主管单位为中国社会科学院，首任会长朱伯崑，历任北京大学教授、东方国际易学研究院院长。该会具体任务：举办国际易学学术会议，组织国际易学学术交流与合作，进行易学学术研究，运用科学知识弘扬古老的中华易学传统文化。

【解说　音乐起】

素有"大道之源"的《周易》，在当今社会正逐渐步入宽阔的大道。2008 年，中央党校首开《周易》课，对于《周易》哲学的研究，中央党校率先做出了有益的尝试。此举赢得了当时学员的欢迎，认为老祖宗的东西不能放弃，面对外来文化的强势竞争，我们需要具有充分的民族自信心，而对自己民族文化的了解是自信心的一个重要来源。

2016 年 4 月，科技部和中宣部印发了《中国公民科学素质基准》，制定了 26 条基准，132 个基准点，基本涵盖了公民具有的科学精神，掌握或了解的知识，具备的能力。其中第 9 条基准点涉及易学方面：知道阴阳五行、天人合一、格物致知等中国传统哲学观念，是中国古代朴素唯物论和整体系统的方法论，并具有现实意义。

2017 年 1 月，中共中央办公厅、国务院办公厅公布了《关于实施中华优秀传统文化传承发展工程的意见》（简称《意见》），这是新中国历史上第一次以中央文件形式，专题阐述中华优秀传统文化传承发展工作。《意见》不仅明确了传承发展中华优秀传统文化的指导思想、基本原则、总体目标，而且为新时期传承发展中华优秀传统文化指明了科学的方向。

【采访　同期声】

《意见》阐述的"主要内容"涉及核心思想观念、中华传统美德、中华人文精神三个方面，具体内容共 37 项，其中涉及《周易》思想理念的内容有 20 项之多，可见易学思想之博大精深。如"核心思想观念"方面有：尊时守位、知常达变、开物成务、革故鼎新、与时俱进、安民富民、道法自然、天人合一，以及讲仁爱、重民本、守诚信、崇正义、尚和合。"中华传统美德"方面有：崇德向善、自强不息。"中华人文精神"方面有：求同存异、和而不同、文以载道、以文化人、中和泰和等与易学思想相关联的内容。

【解说　音乐起】

不忘本来，才能开辟未来；善于继承，才能更好创新。探索《周易》智慧之奥秘，传承弘扬《周易》的哲学思想，是我们义不容辞的责任。中华优秀传统文化，是中华民族精神的命脉，也是涵养社会主义核心价值观的主要源泉，今天依然是推进改革开放和社会主义现代化建设的强大精神力量。

第十四集

诸子百家的易学思想

【字幕 淡入淡出】

吾意以为诸子自老聃、孔丘至于韩非，皆忧世之乱而思有以拯济之，故其学皆应时而生。

——著名学者 胡适

【解说 音乐起】

春秋战国时期，是中国历史上一个激烈动荡与变革的时期。这个时期，中国文化奏响了辉煌的乐章。诸子百家的著作如雨后春笋般涌现出来，各种学说、观点纷然并存，互相影响、互相渗透，形成了百家争鸣的中国文化大繁荣局面，史称中国文化的第一个"轴心期"。

然而，在这个时代，诸子百家的形成都与《周易》有着千丝万缕的联系。所谓"诸子百家"，是对春秋战国各种学术派别的总称。诸子，指的是先秦时期的孔子、老子、庄子、管子、墨子、韩非子、荀子、孙子、鬼谷子等学术思想的代表人物；百家，指的是众多学者和门派。

【采访 同期声】

据清代《四库全书总目》等古籍记载，在诸子百家中最为著名的也不过几十家。但流传最广，影响较大，归纳而言只有十二家，且被发展成学术流派。如：儒家、道家、法家、墨家、阴阳家、杂家、农家、名家、小说家、纵横家、兵家、医家等。春秋战国时期，在《周易》思想的积极影响下，以孔子、老子、墨子、荀子、韩非子为代表的哲学体系，由百家争鸣发展为百家融合，从而促使了中国文化大一统的局面出现。

【解说 音乐起】

《周易》思想对儒家的影响是巨大而直接的。《乾》卦中的"元""贞"包含着恪守中道，这正是儒家"仁以为己任"的思想基础。为政以德，其核心为"仁"。君要"齐家治国平天下"，就需要树立"自强不息"的精神。再如《乾》卦九三爻："君子终日乾乾，夕惕若厉，无咎。"是说君子日间锐意进取，夜里警戒自省，虽处险地，最终不会有祸患。这就表明儒家思想与《周易》中表述事物发展的思想是高度一致的。

孔子曾称赞颜回说："回也，其心三月不违仁，其余则日月至焉而已矣。"《周易·复·象传》中："'复，亨'。刚反，动而以顺行，是以'出入无疾，朋来无咎'……其见天地之心乎。"意思是说，复，亨通，阳刚复返于内，虽震动而循序而行。所以说出入都没有疾病，如果结伴回来，也没有灾祸……从中我们大抵可以窥见天地运行的规律。

【采访 同期声】

老子《道德经》中的核心思想"道"，与《周易》思想不谋而合。《周易·系辞传》曰："是故易有太极，是生两仪，两仪生四象，四象生八卦。"是说宇宙自然的变化，太极就是宇宙，是本原。太极生出阴阳二气，好比是天地生育万物，万物变化生生不息。

【解说 音乐起】

老子第一次提出"道"的概念，作为哲学体系的核心："道可道，非常道；名可名，非常名。无名，万物之始；有名，万物之母。"第一个"道"是名词，指的是宇宙本原和实质，引申为原理、规律。第一个"名"是名词，是指"道"的形态。"无"，用以称述天地之始原，"有"，用以称述万物之根本。老子"道一而说万物"："道生一，一生二，二生三，三生万物。"这里是说"道生一"是混沌的宇宙原质；"一生二"，指宇宙生阴阳二气，也是天地；"二生三"，三指多数，是说有了阴阳，很多东西就产生出来了。这和《周易》体现万物一阴一阳的变化之道是同出一辙的。

【采访 同期声】

《周易》对管子思想的影响。管子是春秋时期齐国的宰相，其年代早于孔子。有人把管子归于法家，也有人认为管子是道家。管子深受易学的影响，他尊重自然，讲究顺势而为，认为"万事之生也，异趣而同归，古今一也"。

【解说 音乐起】

《周易》思想也对墨家产生着影响。墨家思想的基本观点是尚节、尚力、尚用、兴利等。墨子所讲的节用、节财、节俭、节葬，与《周易》的思想同渊同源。《周易·节卦》是墨家节俭、节用、节制思想的源头。

《周易》对鬼谷子思想的影响。鬼谷子是战国时期纵横家的代表人物。《周易》的核心讲的是阴阳，把宇宙喻为阴阳二元结构，揭示事物发展变化规律，阐释人与自然和谐共生。《鬼谷子》一书从头到尾讲的是阴阳矛盾的对立与统一，及如何和谐相处，最重要的是讲述在阴阳矛盾下的人生成长和发展的方略、技巧。

此外，诸子百家还有法家、兵家、医家、阴阳家、杂家、农家等，他们像耀眼的星辰，在中国文化的时空中相映生辉、灿烂夺目。

第十五集

《周易》的人文精神

【字幕　淡入淡出】

周易哲学可以称为宇宙代数学。

——著名哲学家　冯友兰

【解说　音乐起】

人之所以是万物之灵，就在于人类有自己独特的精神文化。世界上每一种文化都体现了民族的本体精神。中国文化的根在儒家，儒家思想文化的命脉是经学，而《周易》是经学中的经典，被认为是中华文化的源头活水，其影响深入传统文化的各个方面，塑造了中国文化的伟大品格。

【采访　同期声】

在中国文化中，"人文"一词最早出现在《周易·贲·彖传》："刚柔交错，天文也。文明以止，人文也。"意思是说，刚柔（阴阳）相互交错，这是天文。得到文治教化而至于礼仪，这是人文。《周易》以自然现象的变化，"推天道以明人事"。孔子认为《周易》为"迁善改过"之书，从人道教训和生活智慧的层面解释卦、爻辞之义始，历代易学家、儒家学者都把人文精神作为研究《周易》的目的之一。

【解说　音乐起】

《周易》，可以说是我国历史上完整流传到现在的最早的著作，也是我国历史上第一部具有明确社会政治意识的著作。其根本用意在于促进社会行为的统一与和谐，突出"天人合一"的主体意识、自强不息的刚健品格、厚德载物的博大情怀、中正适度的哲理思考以及忧患意识、革新精神，呈现出一种凝重的历史使命感与社会责任感，充满了积极向善的人文精神，奠定了中华民族精神的主体构架。

【采访　同期声】

《周易说卦》曰："立天之道，曰阴与阳；立地之道，曰柔与刚；立人之道，曰仁与义。"《周易》阐明天道、地道、人道的变化作用法则是一致的。宇宙间可以效仿的就是天地，天地运行不已才是生生不息之源，是万事万物变化作用的法则，是人类社会的行为规范。

【解说　音乐起】

"天行健，君子以自强不息"，文王作《周易》的用意在于推天道以明人事，强调做人要效法宇宙的精神，对人生的理想、道德目标的追求和信念，都是坚定不移的，这就是圣王的品格。"地势坤，君子以厚德载物"，《周易》作者以大地的博大情怀来比喻君子的德行，要求做人应具有大地一样谦卑和厚道的精神，修养自己的学问和道德，包容谦让，乐讲奉献。这成为中国儒家、道家的最高道德规范。

人文精神是构成一个民族、一个地区文化个性的核心内容，是衡量一个民族、一个地区文明程度的重要尺度。在中国文化中有一个明显的特点，就是高度重视人的存在。

【采访　同期声】

早在春秋战国时期，"人文""人道""人伦""人性"这些表达人文精神的概念、范畴以及崇尚文明教化、高扬人的价值、倡导主体道德、追求理想人格的种种论述已普遍被人们接受。中国文化强调天道与人道相互联系、相互贯通。这种"天人相通"的理论，其目的就是要把自然与人文紧密联系在一起，从而贯通一体。

【解说　音乐起】

《周易》强调人的行为要合乎天地规律，把人与天地万物视为血脉相连的生命整体，强调人与自然的和谐相处。《论语·子罕》说："知者不惑，仁者不忧，勇者不惧。"中国文化所强调的人生态度，把困难、挫折、痛苦作为人生的财富，把坚贞不屈、不畏艰险、不惧挫折、奋斗不息作为精神追求。正是这种民族文化，锻造了中华民族坚韧不拔的民族性格和民族精神。

中华民族历来有"见危授命""威武不屈"的精神。在国家和民族的危难面前，从来不乏志士仁人挺身而出，赴汤蹈火，表现出大义凛然的高尚气节和情操。正如孟子提出的："富贵不能淫，贫贱不能移，威武不能屈。"

【采访　同期声】

《孟子·滕文公》特别强调"至大至刚"的"浩然正气"。荀子说："义之所在，不倾于权。"主张以道德情感来抑制个人欲望，要求在"利"与"义"发生冲突时"见利思义""舍生取义"，其目的是培养一种高尚的"君子人格"。

【解说　音乐起】

中国传统文化主张"修身为本"，曾子强调"吾日三省吾身"，孟子强调"我善养吾浩然之气"，要求人们时刻注意与自己的良心进行沟通，不断唤醒隐藏在内心深处的道德良心。这种追求首先强调要仁者爱人。"仁"的价值理想，就是要把人类社会中的仁爱精神和仁爱要求化为每个人的内在自觉。

　　《周易》的人文精神，是中国人民的宝贵财富，它可以增强中华民族的凝聚力，促进人们之间的友好和睦相处，在当代构建社会主义和谐社会具有十分重要的意义，在中国走向现代化的进程中仍将发挥重要的作用。

第十六集

易学与军事

【字幕　淡入淡出】

鸣谦，利用行师征邑国。

——《周易·谦》卦

【解说　音乐起】

人类从脱离动物开始进化的第一步起，武器就作为一种有效的保护手段一直伴随着人类。

第一阶段的武器是石头，人类用石头攻击动物，用石头击打树上的果实。第二阶段的武器是木棒。第三阶段的武器是金属铸造的刀、剑、戟。这些冷兵器之后，就是枪、炮类的热兵器。人类武器的发展过程，恰如其分地体现出《易经》"五行生克"的思想理念。或者说，"五行生克"的辩证思想是对人类武器发展历史的准确、生动的总结。

【采访　同期声】

五行生克的理论告诉我们，世界是由金、木、水、火、土五种元素或五种气场组成，这五种气场之间存在相生和相克的关系，金生水，水生木，木生火，火生土，土生金；金克木，木克土，土克水，水克火，火克金。人类武器的更替发展就是五行相克的关系。石头的五行是土，木棒的五行是木，木棒替代石头，就是木克土的体现。刀、枪的五行是金，刀、枪替代木棒，就是金克木的体现。枪、炮的五行是火，枪、炮替代刀、枪，就是火克金的体现。

【解说　音乐起】

除了军事上的这些"硬件"与《易经》有着密切的关系之外，军事思想和智慧的"软件"与《易经》有着更为密切的关系。

这是坐落在我国陕西省宝鸡市渭河边的钓鱼台，就是我国古代兵家鼻祖姜子牙"愿者上钩"钓鱼的地方。

【采访　同期声】

姜子牙创造了以5万兵力战胜纣王17万兵力的奇迹，是中国古代最早以少胜多的典型战例。古人在《隋书》中曾载入了姜子牙的《太公金匮》，《太公金匮》中描述了姜太公准确的预测术和他在牧野之战等战役之前运用《易经》的过程。

【解说　音乐起】

除了姜子牙，我国历史上还出现过众多的优秀军事家，如鬼谷子、孙武、孙膑、韩信、诸葛亮、李靖、刘伯温等，他们都精通《易经》，并将其运用于军事上。在《易经》六十四卦中，从易理中引申出表现军事思想的就有十多个卦。古代军事家把易学之原理与军事思想融会贯通，上演了一场场威武雄壮的战争风云。

【采访　同期声】

宋代的王应麟在《通鉴答问》中说："盖《易》之为书，兵法尽备，其理一矣。"而这些军事思想，就蕴含在《周易》的卦辞和爻辞之中。

【解说　音乐起】

《孙子兵法》之所以能成为世界军事史上最重要的兵学著作之一，就是因为它充分运用《周易》的阴阳变化原理，发展军事理论和战略战术。其中充分运用了《周易》中的"刚柔""攻防""虚实""进退""胜败"等辩证思想。《孙子兵法》的作者是孙武，《孙膑兵法》的作者是孙膑，他们两位都深谙《周易》之妙理，将《周易》中的有关卦象用三十六计演变出来。

《周易》的军事思想体现在众多方面。

【采访　同期声】

《师》卦辞："师：贞丈人吉。"师指军队，丈人指军队的总指挥，主张为正义而战。《周易·师·象传》曰："地中有水，师。君子以容民畜众。"《师》卦之象，君子当效法之，要注意爱民、养民，在民众中积蓄战争的力量。"师出以律，失律凶也"，是说出师不遵军律，出师必凶。师出之时，当以其法制整齐之。

《夬》卦九二爻辞曰："惕号，莫夜有戎，勿恤。"是说要时刻警惕，防止敌人来偷袭。《同人》卦辞曰："同人于野，亨。利涉大川，利君子贞。"描绘的是利用农闲时节，聚众于野，练习武事，加强战备。

《比》卦辞曰："比：吉。原筮，元永贞，无咎。不宁方来，后夫凶。"是说利于占问长久之事没有灾祸，意即争取同盟国，积极发展自己，迟迟不来结盟者一定是自己的敌人，要注重谋略。

《复》卦上六爻曰："迷复，凶，有灾眚。用行师，终有大败；以其国，君凶，至于十年不克征。"是说如果行军中不熟悉地形而迷路必将招致大败，主张要熟悉地理环境。

【解说 音乐起】

《周易》中还包含许多朴素的军事思想，如积极的防御思想，快速进攻的思想，宽大俘虏、争取民心的思想，转败为胜的军事辩证法思想，等等，都需要我们去积极探索。《周易》对中国古代历朝的军事思想产生了深远影响，不少军事家的著作都是在易理基础上的创新。

第十七集

易学与人生

【字幕　淡入淡出】

中华儿女是《易经》的民族。

——著名易学家　曾仕强

【解说　音乐起】

《周易》是古代哲学的源头，有一套系统的哲学体系。它深刻揭示了人生的正途：培养德行，增强能力，启发智慧。它告诉人们应如何认知世界，如何认知自我，从而做到持经达变，通达乐观。

【采访　同期声】

《周易》作为中华文化的源头活水，它引领我们体验生命智慧，理解趋吉避凶之道，了悟人生，成就事业，从此步入智慧人生之路。

【解说　音乐起】

《周易》第三十一卦《咸》，表述的是人的恋爱观。"咸"，是感应的意思，阐述的是一切事物的相互感应之理。但由于《周易》的思维特点，故不直接用"感"表示，而是将"心"字去掉。该卦象上卦为兑为少女，下卦为艮为少男，强调说明异性相互吸引、相互感动本是无心的，而刻意用心去求，是得不到真正爱情的，揭示了"有心栽花花不开，无心插柳柳成荫"的自然规律。

《咸》卦的卦象，是女上男下。上为阳，强调女性要积极主动；下为阴，强调男性要克制一些，这样感应才会继续持久。这种阴在阳位，阳在阴位，正是辩证互补的道理。

《周易》第六十三卦《既济》，表述的是人的智商与情商的道理，说的是一个人感受、理解、控制、运用和表现自己及他人情感的能力。一个人成功与否的关键取决于其情商能力的高低，衡量父母或专业教育工作者对儿童教育的成败，也取决于其对情商能力的重视。按古人划分阴阳的观点，性或智商为实为刚为阳，情或情商为虚为柔为阴。

【采访　同期声】

《既济》卦象上卦为坎为水为阴，下卦为离为火为阳。由于上为阳为前为显、下为阴为后为隐，所以说，只有象征阴的"情商"占据首要、显著的位置才能取得成功。若主次颠倒，就只有失败。也就是说，只有将象征阴的情商能力的培养置于主导地位，才能取得教育的成功，否则就会遭受失败。

【解说　音乐起】

《周易》第六十四卦《未济》讲的是对失败的反思，有"危机"的意思。《未济》卦离上坎下，离为火为理想为追求为感情，坎为水为困难为惰性为理智，事先不能理智地将足够的困难和危险考虑周到放在首位，而是凭着一时的感情冲动去好高骛远地追求理想目标，是注定要失败的。《未济》卦为六十四卦最后一卦，表明事物变化无穷无尽，一个过程终止正是另一过程的开始。成功是暂时的，而在失败中摸索才是永恒的，人类就是在对成功的不断追求中逐步完善自身，才创造出灿烂的文明世界。

【采访　同期声】

《周易》第十三卦《同人》，是关于交友的道理。《同人》卦乾上离下。乾为天，象征刚健、周而复始、运动不止；离为火，象征光明、旭日东升、万物茁壮。火在天空中燃烧，天空因火的燃烧获得热量而升温，天空为火的燃烧提供了空间条件。要给对方提供理想追求的条件和空间，这是交友的基础，强调了拥有相同的目标或追求、不停地为之努力行动，这是交朋友的前提。

【解说　音乐起】

《周易》第一卦《乾》，是将中国人比作龙的传人，来阐述为人处世的道理。六十四卦，以《乾》为首，而《乾》卦六个爻辞都在讲"龙"，将中华民族崇拜的图腾"龙"的生息变化寄喻人生和宇宙哲理。其卦辞"元、亨、利、贞"，《周易·文言传》是这样解释的：元是众善的魁首，亨是众美的集中，利是道义的统一，贞是事业的基干。就是说，以龙自喻的"君子"应该是集这四种美德为一身的统一体。龙，因环境不同而不断变化，《乾》卦从初爻的"潜龙，勿用"讲起，至上九（第六爻）的"亢龙，有悔"结束，充分阐述了这种变化的必要性，同时也显示了事物产生、发展、昌盛、衰退的自然规律。

《周易》，作为一部古代哲学经典，它所反映的人生哲学道理，对人生的成长起着重要的指导和警示作用。

第十八集

《周易》与古代科举制度

【字幕　淡入淡出】

不学《易》，不可为将相。

——唐代文学家　虞世南

【解说　音乐起】

科举制度，作为中国古代通过考试选拔官吏的制度，由于采用分科取士的办法，所以叫作科举。士子应举，原则上允许"投牒自进"，唐代武则天时期为了招揽人才，创立了"自荐求官"的制度。不必再经公卿大臣或州郡长官特别推荐，这一点是科举制最主要的特点，也是与察举制最根本的区别。科举是中国封建社会最重要、影响最为深远的人才选拔制度与考试制度，其起源于汉，创始于隋，形成于唐，完备于宋，强化于明，至晚清趋向衰落。科举制度对于中国封建社会中后期的社会结构、政治制度、教育、人文思想产生了深远的影响。在中国，科举制从隋朝开始实行，直至清光绪三十一年（1905）举行最后一科进士考试为止，前后经历近一千三百年，成为世界上延续时间最长的选拔人才的办法。

【采访　同期声】

在中国历代封建王朝中，科举考试主要集中考察对儒学的掌握程度。《周易》为五经之首，是中国文化的源头，也是儒学的源头。古代的读书人都有安天下、治世的功利心，"不学《易》，不可为将相"，实质上把《周易》作为一部人生的教科书，所以被确定为历代科举考试的主要内容。

【解说　音乐起】

古代科举考试主要内容以五经四书等儒家经典为主，五经指《易经》《诗经》《尚书》《礼记》《春秋》，四书指的是《大学》《中庸》《论语》《孟子》。唐代大儒孔颖达受唐太宗诏令作《周易正义》，为统一经学而编写，是为了适应当时的科举考试。宋代朱熹的《四书集注》，其易学思想主要集中在《周易本义》《易学启蒙》《朱子语类》等书中，时为科举考试的立论根据，包括明清科举考试八股文也都是用朱熹的观点。明代的胡广，官至文渊阁大学士，与人合著的《五经大全》为官方版本。《五经大全》之一《周易大全》二十四卷，于明永乐十三年（1415）颁行天下，作为明代科举取士的标准教科书之一。

【采访　同期声】

中国古代科举制度起源于隋代，在隋朝以前，官吏荐举任官制一直占有重要地位。魏晋南北朝奉行"九品中正制"，世家大族把持乡举里选，垄断仕途。隋朝统一后为了适应封建经济和政治关系的发展变化，加强中央集权，用考试办法来选取进士。"进士"一词，初见于《礼记·王制》篇，其本义为可以进受爵禄之义。考试的内容，唐承隋制，科举考试形成制度并逐步完善。

【解说　音乐起】

唐初科举分两种：一是常科，岁考一次；二是制科，由皇帝主持，按形势需要临时下令举行。较常见的为明经、进士两科，考试的内容为经义或时务。考试内容以五经四书为主。唐太宗命孔颖达等人撰《周易正义》颁行天下，以为定本，《易经》以此课试。

【采访 同期声】

北宋皇帝对《周易》十分重视和推崇，不仅喜爱学习《周易》，更把它作为科举考试的科目加以推崇，且尊重易学人才，思考易学的哲理和规律并加以利用，用于治国和祈福。王安石任参知政事后，对科举考试的内容着手进行改变。熙宁八年（1075），宋神宗下令废除诗赋、帖经、墨义取士，颁发王安石的《三经新义》，以经义论策取士，并把《易官义》《诗经》《书经》《周礼》《礼记》称为大经，《论语》《孟子》称为兼经，定为应考士子的必读书。

【解说 音乐起】

元代科举始于元太宗窝阔台时期，窝阔台采纳谋臣耶律楚材"用儒术选士"的建议，于公元1238年举行了"戊戌选试"，共录取4030人。从元代开始，程朱理学成为科举取士的标准，朱熹的《四书集注》成为科举考试的立论依据。明代根据元代科举命题取自朱熹《四书集注》之法，规定试卷应"代圣贤立言"；以程朱理学的破题、承题、起讲、入手、起股、中股、后股、束股八部分组成，故称八股文；内容不许超出四书五经范围，要模拟圣贤的口气，传达圣贤的思想。常以儒家经典和八股时文作为主要教育内容，致使大批学生知识单一，思想僵化，脱离实际。

【采访 同期声】

清朝政府规定，参加正式科举考试要取得资格，先要参加童试，参加童试的人称为儒生或童生，录取"入学"后称为生员。正式的科举考试分为三级：乡试、会试、殿试。以上各种考试主要是考八股文和试帖诗等，其弊端已暴露无遗。清初即有大臣建议改革，随着近代西方科学文化的传入和国内民主革命运动的高涨，清廷终于下令"停科举以广学校"，废除了行之千余年的科举考试制度。

【解说　音乐起】

　　科举考试把《周易》作为重要内容，究其原因，一是《周易》是中国文化的源头，汉武帝时早已把《周易》列为五经之首，使其成为一门高深的哲学；二是《周易》是一部以占筮为形式的哲学巨著，它揭示了宇宙万物发展变化对立统一的法则，易学思想已成为中国传统文化的主干。

第十九集

《周易》与治国理政

【字幕 淡入淡出】

一个国家的治理体系和治理能力是与这个国家的历史传承和文化传统密切相关的。解决中国的问题只能在中国大地上探寻适合自己的道路和办法。

——习近平在中共中央政治局第十八次集体学习时的讲话

【解说 音乐起】

在我国传统文化的发展中,《周易》与儒学文化一直作为主流文化而存在。纵观中国文化史,《周易》与儒学文化和我国政治文化的关系十分密切。

儒家改革变通的治国理政思想发端于《尚书》和《周易》。孔子《易传》中有"天地革而四时成,汤武革命,顺乎天而应乎人",这句话对其思想发挥起到引领作用。这是中国古代"革命"一词的来源,这一说法亦成为社会改革变通的最早理论依据。儒家十分推崇这一说法并践行之。宋神宗年间的王安石变法运动,虽以失败而告终,却在一定程度上改变了北宋积贫积弱的困境,并在国际范围内产生了广泛影响。

秦汉实现国家的大一统之后,为了维护中央集权,统治者推崇"普天之下,莫非王土",强调天子的所有权,认为天下之疆土、四方之臣民均归君主统治。继汉武帝之后,"大一统"的提法将儒家思想统一的主张概念化，并成为一种政治主张。自汉武帝开始，历代统治者都接受并推行了这一治国思想，使中国境内的各民族整体呈现统一中央政权下的和睦相处之势。

孔子最早将"仁"作为儒家的最高道德规范，孟子在此基础上提出"仁政"的学说，并用于具体的政治实践。他们推行"王道"政治，赞成以德服人，排斥"霸道"政治中以力服人的做法。

【采访　同期声】

孔孟之道认为，"要想使广大民众迅速归服，统治者就要道之以德"。"德治"主张在历代的统治中发挥着巩固大一统政权的重要作用。

【解说　音乐起】

为适应封建君主政治的需要，古人提出"以君为主""民为邦本"的主张，勾画了我国整个封建社会君主与臣民关系的大致轮廓。君主和民本作为密切联系的两个方面来治理国政颇具中国特色，这一理念曾贯穿了我国整个古代社会。"以民为本"是中华优秀传统文化在治国理政上最为核心的思想，中国历代思想家和政治家都特别强调"以民为本"。当今时代，在《中共中央关于全面深化改革若干重大问题的决定》中，有多处体现以民为本思想的表述，如，"坚持以人为本，尊重人民主体地位，发挥群众首创精神，紧紧依靠人民推动改革，促进人的全面发展"，以"增进人民福祉为出发点和落脚点"，"以保证人民当家作主为根本"，"让发展成果更多更公平惠及全体人民"，"让广大农民平等参与现代化进程、共同分享现代化成果"等内容，都是我们党自觉继承与发扬古代民本思想的体现。

中共十八届中央政治局常委同中外记者见面时，中共中央总书记习近平明确宣布："人民对美好生活的向往，就是我们的奋斗目标。"

【采访　同期声】

习近平在治国理政的进程中，引用经典多处出自《论语》与《周易》，不仅彰显了继承和发展中华优秀传统文化的价值理念，也显示出中国日益增强的文化自信。

【解说　音乐起】

2015 年，美国出版了一本书叫《习近平时代》。其中，称赞习近平"总会以典雅蕴藉又高度概括的经典名句来传达思想"。他在总结中华优秀传统文化的重要内容时，首先提出的就是"道法自然""天人合一"的思想。中国人把天、地、人看成统一的整体，认为人是世界的一部分，与天地存在着普遍关联，强调和谐面对处理人与自然、人与社会的关系，而不是孤立地看待我们周围的万事万物。

"二人同心，其利断金"源自《周易·系辞传》。孔子说："君子之道，或出或处，或默或语，二人同心，其利断金。同心之言，其臭如兰。"意思是说君子之道，有出行有静居，有沉默有言语，二人同心，其锋利可以断金；同心的言语，听来就像闻到兰花的香味。2013 年 2月 25 日，习近平在会见中国国民党荣誉主席连战及随访的台湾各界人士时指出："大陆和台湾是休戚与共的命运共同体……实现中华民族伟大复兴，是中华民族近代以来最伟大的梦想……'兄弟齐心，其利断金。'实现中华民族伟大复兴，需要两岸同胞共同努力。"由此看来，海峡两岸"兄弟"者，既是同根同源的同胞兄弟，也是四海之内的友帮兄弟。实现中华民族的伟大复兴，需要两岸同胞的齐心协力，那么凝聚的力量就像锋利之刀一样来切断金属。

"凡益之道，与时偕行"出自《周易·益·象传》，意思是说，要变通趋时，把握时机，做出适于时代需要的判断和选择。习近平曾在多次讲话中引用此句。2014 年 6 月 28 日，在和平共处五项原则发表 60 周年纪念大会上，习近平引用"凡益之道，与时偕行"，作为对时任缅甸总统吴登盛讲话的呼应。

2015年10月，在英国访问期间出席伦敦金融城市长晚宴，席间习近平引用"凡益之道，与时偕行"，展望了开创中英面向21世纪全球全面战略伙伴关系"黄金时代"。同年11月6日，在对新加坡进行国事访问时，习近平在新加坡《海峡时报》与《联合早报》发表《承前启后　继往开来　共创中新关系美好未来》的署名文章，引用"凡益之道，与时偕行"，表达了共创中新关系更加美好明天的愿景。

2015年12月16日，第二届世界互联网大会在我国浙江乌镇召开。习近平在发表演讲结束时引用了"凡益之道，与时偕行"。意思是说，当今世界互联网出现的安全威胁已到了刻不容缓的地步，对互联网治理亟待建立新的规则。

"穷则变，变则通"，源自《周易·系辞下》的"《易》穷则变，变则通，通则久"。意思是说，事物发展到穷尽阶段就要变化，变化就能继续亨通，亨通就能长久。

【采访　同期声】

2015年9月，习近平在访美前接受《华尔街日报》采访时谈道："世界上很多有识之士都认为，随着世界不断发展变化，随着人类面临的重大跨国性和全球性挑战日益增多，有必要对全球治理体制机制进行相应的调整改革。这种改革并不是推倒重来，也不是另起炉灶，而是创新完善。'穷则变，变则通。'无论是一个国家，还是世界，都需要与时俱进，这样才能保持活力。"

【解说　音乐起】

习近平引述"穷则变，变则通"这句话，反映了我国古代朴素的唯物主义思想，即事物发展到了极点，就必然要发生变化，事物的发展不受阻碍，事物才能不断发展。也说明了面临全球性的重大问题与现状，对治理体制必须进行变革，而只有"变通"才能通达。儒家的

"贵和"思想尤为典型。儒家将"和"作为治国理政的最佳境界，也是治国所采取的重要手段和一大准则。中国政府继承"和"这一中华民族优良传统，提出构建社会主义和谐社会的宏伟蓝图。儒家的治国理政思想具有强大的生命力及普适性，中国政府吸取了以儒家为主流的传统治国理政的精华，对其采用"因革损益"的态度与方法，将其融入当代具有时代性、科学性的治国理政思想中，使当代中国再次焕发出生机和活力。

新中国的缔造者毛泽东，很重视对祖国优秀传统文化《周易》的研究，他不仅深谙易学之理，而且有自己独到的见解。

《毛泽东早期哲学思想探原》一书记载，早在 1920 年，毛泽东就和蔡和森交流谈论《周易》之"道"，即易学之"规律"。1937 年，毛泽东在读《辩证法唯物论教程》时，在书中批注"完全否定，乾坤或几乎息"，这里所说的"乾坤"，指《乾》《坤》二卦，就是出自《周易·系辞传》。

【采访　同期声】

毛泽东的军事辩证法体现了《周易》的变通思想，顺应客观事物的规律，机智灵活，使自己处于有利之地。"灭顶之灾"，此语出自《周易·大过》卦上六爻，1938 年毛泽东在《论持久战》中曾两次运用。他写道："动员了全国的老百姓，就造成了陷敌于灭顶之灾的汪洋大海，造成了弥补武器等缺陷的补救条件，造成了克服一切战争困难的前提。"他借此语说明通过政治动员发动全民族抗战，才能毁灭性地打击敌人。

【解说　音乐起】

2013 年 3 月 1 日，习近平在中央党校建校 80 周年庆祝大会暨 2013 年春季学期开学典礼上的讲话中指出："中国传统文化博大精深，学习和掌握其中的各种思想精华，对树立正确的世界观、人生观、价值观很有益处。"

习近平指出："一个国家的治理体系和治理能力是与这个国家的历史传承和文化传统密切相关的。解决中国的问题只能在中国大地上探寻适合自己的道路和办法。"在我党历史上，这是第一次从如此之高度认识我们的悠久历史文化。

《周易》中渗透着治国理政的智慧。唐太宗朝重臣虞世南曾说过："不学《易》，不可为将相。"日本明治维新时规定："不知易者，不得入阁。"孟子提出修心开智，效法四德——仁、义、礼、智；而易家以"元、亨、利、贞"为四德。古圣先贤作《周易》是为了"明天道，察人事"，通天下之志，断天下之疑，成天下大业。

第二十集

《周易》与管理学（上）

【字幕　淡入淡出】

为什么我要讲《周易》？是我首先说《周易》是中国管理的源头。

——国际易经学会主席、美国夏威夷大学终身教授　成中英

【解说　音乐起】

伏羲的先天八卦图，列出了自然界的八个方位，它是宇宙结构的模型。而周文王的后天八卦图，把一年四季也排在最外圈，结合时间因素，八卦的位置也有了相应的差别，它是宇宙时空结构模型。先天八卦图多用于哲理推演；后天八卦图多用于术数应用，在民间流传很广。

【采访　同期声】

根据易学"天人合一"的观念，宇宙自然和人类社会是息息相通的。天地是一个大宇宙，人体或企业是一个小宇宙，因而都可以抽象出相应的八卦宇宙结构模型。目的在于考察其各对称依存的因素是否阴阳平衡，如果发现某方面阴阳不平衡，阴盛阳衰或阳盛阴衰，就要采取措施进行调和，使整体和谐发展。

【解说　音乐起】

按照易学哲理，不论大宇宙、小宇宙，都应该是对称和谐的，否

则，就要及时加以调和。如果调和不了，这个小宇宙就只好消亡了。

【采访　同期声】

现在我们把企业这个小宇宙，画出它的八卦结构图。先从内部结构到外部环境，从物质条件到精神因素进行整体观察，找出四对具有关键作用的对称依存的因素，参照先天八卦的类比内涵排定位置，就是一个易学管理模型。

【解说　音乐起】

人类从实践中得知，宇宙万物中任何事物都是有"生命"的。也就是说，它们都有着发生、发展和灭亡的周期。这是天道，即自然之道，是客观规律。

【采访　同期声】

古代先人认为，影响我们这个星球万物由生到灭，是由五行生克制化规律所决定的。古人认为，世界是由金、木、水、火、土五种物质组成，这五种物质是来自太阳系宇宙的五大气场。天有五气，风、暑、湿、燥、寒；地有五行，金、木、水、火、土；人有五脏，肝、心、脾、肺、肾。

【解说　音乐起】

企业也是一样，企业也存在着发生、发展和衰败的"生命"过程。企业生命周期的基因密码，就是企业管理的核心要素。问题是我们怎样用五行生克制化原理来进行智慧管理。

【采访　同期声】

《周易》的核心思想讲"三易"，即"简易""变易""不易"。而这正是企业管理理论发展的基本方向，又是中国管理哲学的核心。简易，就是把复杂的问题简单化，抓住要点，抓住主要矛盾解决问题。变易，是说万事万物每刻都在变化发展着，没有一样东西是不变的，如果离开这种变化，宇宙万物就难以形成。不易，是指在宇宙万物变化中，唯一不变的就是促使事物变化的那个"规律"。

【解说 音乐起】

这三个法则运用到经营管理上，也可以提出"三易"原则。"简易"原则：要使产品使用方便，操作简单，维修容易，便于推广。"变易"原则：根据市场需求的变化，不断提高产品的功能和档次；不断革新技术，降低成本；品种多样化，款式新潮化；不断适应市场变化的营销策略；等等。"不易"原则：产品质量过硬，必须具备安全可靠、性能先进、经济实惠、经久耐用等特点。

【采访 同期声】

社会是一个由城市、政府、企业、团队、产业、市场等因素组织起来的系统。构成这个庞大的生命系统的基因密码、DNA 结构和基本代谢规律，是当代管理学面临的主要课题。而《周易》六十四卦，就是一个管理知识库，集中反映出其思想的精髓——和谐，即反映人与自然、人与社会、人与单位、人与环境等方面的和谐。《周易》作为中华传统文化的源头，《周易》管理模式应该是中国管理模式的重要组成部分。《周易》八卦的每一卦都有三个爻，代表天、地、人三才，这种思想反映了古圣先贤把《易》的中心放在人及与人有关的各种问题上，强调"天人合一"，由此形成古代哲学思想，也形成了近代管理以人为本的管理思想。

【解说 音乐起】

美国管理专家巴斯克和艾索思合著的《日本的管理艺术》，对美、日两国的企业管理做了全面的比较，指出了管理的七大要素，即策略、结构、制度、人员、作风、技巧、最高目标等。策略、结构、制度这三个要素两国差别不大，而关乎到人的问题的人员、作风、技巧、最高目标这四个要素差别很大。

第二十一集

《周易》与管理学（下）

【字幕　淡入淡出】

中国管理的基本特色在什么地方，基础在什么地方？管理是一个实践的学问，是一个用的学问。

——国际易经学会主席、美国夏威夷大学终身教授　成中英

【解说　音乐起】

远古社会的伏羲处于历史上的洪荒时代，人们在大自然中与环境争生存。所以，当时伏羲创立的八卦，所代表的是天、地、雷、风、水、火、山、泽八种自然现象。到了商代末期周文王之时，人文思想已相当进步，家庭、国家、社会的伦理制度已建立，物质生活也有了长足的进步，人们此时迫切需要的是，如何有一个高尚人格的标准作为人生的理想目标。周文王乃应时而为，创立出后天八卦，并对六十四卦作了卦辞，其四子周公（旦）作了爻辞。

【采访　同期声】

系统科学的基本原理表明，系统结构决定系统的功能，系统的进化过程是系统基本要素追求平衡的过程。八卦相叠为六十四卦，六个爻上下的变动，阴阳二性的分别，卦与卦不同系统相互间的关系、不同层次的递进演化规律，系统和层次与环境间的互动规律，等等，揭示了一个

普遍遵循的自然法则。

【解说 音乐起】

企业管理是一门科学，也是一种艺术，更是一种文化，它应该是民族文化在企业行为中的表现。《周易》的原理贯穿天、地、人三才之道，凝聚着中国文化在漫长的文明发展过程中，对自然、人生和社会规律探索的经验成果。易道的核心就是把对世界的认知和自身的价值，在实践操作的基础上密切结合的一种决策模式，内含着许多具体的经营策略。

【采访 同期声】

易学的实质就是管理哲学，易学的自然法则、结构决定功能定律和全息结构模型，在今天仍然具有高度的理论指导和实践应用价值。它不但包含了丰富的人文科学精神和价值伦理原则，还包含了先进的管理理念、管理法则，蕴涵着丰富的管理方法、管理工具、管理模型。易学思想对现代管理学研究的领导、计划、预测、决策、组织、平衡、沟通、变革、控制等管理元素和企业资源，具有系统分析、科学诊断、统筹优化和战略架构的功能。

【解说 音乐起】

我们坚信并预言，易学将会从历史的失忆中醒来，以其丰富的自然哲学和辩证哲学的元素和宇宙全息属性，为中国和谐哲学的建构提供战略平台，也将对中国文化的传承、重塑和崛起提供精神理念和价值指导。

《周易》的《泰》卦和《否》卦讲的是上下沟通之道。"泰"就是通畅，天地相交为"泰"；"否"就是阻塞，天地不交为"否"。从团队沟通方面来说，天在上而地在下；在企业中"天"代表上层领导，"地"代表基层职工。如果"天"之阳气下降，"地"之阴气上升，即领导深入基层，职工积极性提高，这就是"泰"，象征成功吉利。否则，天地之气不相交，那就是"否"，象征困难凶险。

【采访　同期声】

俗话所说"否极泰来"，泛指坏运已到极致，好运即将到来，实际上应该是消除了阻塞的因素，加强了沟通，"否"转为"泰"。在企业管理上，领导与职工之间、上层与下层之间，要建立沟通的机制，不但在信息上互相沟通，而且在感情上互相融合，才能发挥企业的整体效应，否、泰原理就是"沟通—融合"的原理。实施这一原理，才能使企业上下一致，形成强大的合力。

【解说　音乐起】

《周易》认为，阴阳二气相反相成，相得益彰，阴阳的相依并存、变通和合的关系，也是其他等价的观念，如刚柔、动静、虚实、有无、上下、表里、新旧、损益、寒热、升降等模型。由于阴阳关系的普遍性、多重性和互相转化性，任何整体事物或事件，均可析为重重叠叠、层层蕴含的对称依存关系。透过这种思维方式和模型，我们才能深入理解事物变化的契机，真正掌握管理之道。

【采访　同期声】

从以人为本方面来说，企业管理中，有管理者与员工的矛盾，也有刚性管理与柔性管理方式的并合，这些都说明了事物的一阴一阳的辩证属性。

【解说　音乐起】

《周易》管理的太极理论讲的就是双方的平衡和融合。在天、地、人三才中，天时不如地利，地利不如人和。管理的核心一定是人，以人为本大家都在谈，但关键是怎么做。《周易》的管理思想，对于当代中国企业管理有很大的启发作用。

第二十二集

历史的《周易》

【字幕 淡入淡出】

《周易》是一座神秘的殿堂……这座殿堂一直到二十世纪的现代都还发着神秘的幽光。

——著名文学家、历史学家 郭沫若

【解说 音乐起】

上下五千年，纵横八万里。

《周易》作为中华民族文化的基因，是在历史沉沉的黑夜里，在远古先民蒙昧的厚厚冻土下悄悄地萌发的。今天我们凝神静思，探幽涉远，从《周易》的问世到成熟发展，犹如在穿行一条长长的历史隧道。如果说远古时代的氏族领袖伏羲以索为爻，一画开天创立的八卦是我国最古老的文字雏形，那么，周文王姬昌演《周易》就是我国文化的开端。

《周易》历经三千年之沧桑，已成为中华文化之根和源头活水。《周易》文化始于远古，用于历代，传世至今，它是中华文化的伟大标志，是中华民族智慧的象征。在中华五千年的文明史中，易文化不但主导着中华儿女不断提高认识世界、征服自然、发展生产的能力，而且对科学发展和社会进步都渗透着无穷的智慧。《周易》文化，是一个由认识到实践，由实践到再认识的逐步完善的历史过程。在这个过程中，它的文化结构不断发生着变化。

【采访 同期声】

从上古最开始的《河图》阴阳生成图、《洛书》阴阳奇偶图，到伏羲先天八卦图、周文王后天八卦图，后代圣贤又加入太极、阴阳、五行、《易传》，以及历代的先贤不断充实丰富，易学在漫长的历史年代中逐步发展、完善，具有了极高的历史价值和文化、科学价值。

【解说 音乐起】

在先秦时期，易学已呈现出卜筮和哲学两种截然不同的趋势。也就是说，易学已开始向哲学方面发展，对卦爻辞的解释已开始向伦理化、道德化方面转化。战国时代也只有儒家留下了比较系统的易学著作，这就是《易传》。《易传》是着重阐释《周易》古经义理的，也是阐释儒家德义思想的。

汉代易学，是易学研究的第一个高峰期，也是象数派的开创期。象数派在先秦已有表现，至两汉达到极盛的地位。汉武帝时期，儒家当时处于独尊的地位，《周易》被尊为五经之首。

时至晋唐时期，易学开始了新的转向，由两汉时期注重象数而转向了义理。当时儒学思想发展鼎盛难继，老庄思想受崇，清谈之风盛行，形成了魏晋玄学。王弼是魏晋时代的著名思想家，是易学义理派的开山鼻祖。他的主要贡献是一扫汉代象数之学，阐述了《易经》与道家思想相结合，表现了"易道"的核心思想，即思想精髓、价值理念和实际层面的操作，开辟了易学的新方向。他的义理派易学及本体论哲学研究，是我国哲学史上的一座光辉的里程碑。

【采访 同期声】

唐代宰相孔颖达所作《周易正义》，在唐代直至宋代都是国家科举取士用人的标准。两晋南北朝虽然社会动乱，但研易者仍大有人在。这个时代"王弼易"与东汉"郑玄易"（以古文经学为主，兼采今文经学之长）并行。

【解说　音乐起】

南北朝时期，易学象数派与义理派分道扬镳，甚至有了激烈的辩争。唐初大儒孔颖达，受命唐太宗，他采用魏王弼、晋韩康伯注本，编著了《周易正义》。这是一部除《周易》古经、《易传》以外的最重要的典籍，是一部对唐宋儒家影响极为深远的著作。

唐代读书人大都归心于佛教，对于易学的创作不多。此外，还有史徵的《周易口诀义》六卷，李鼎祚的《周易集解》。今天之所以能够对汉《易》做出研究，绝大部分有赖于《周易集解》，此书也为后人保留了珍贵的原始汉《易》资料。

宋代易学是易学研究的第二个高峰期。宋人治易的突出特点是特别注意"图""书"的发明。《河图》《洛书》附会在古人易注中的"图""书"，创造出来形成了一支讲易的新学派。以宋初道士陈抟为鼻祖的"图学易"，创绘出"太极图""无极图""先天方圆图"，并注释了《正易心法》等。

【采访　同期声】

时至清代，易学研究经历了第三个高峰期，出现了汉易、宋易百家争鸣的局面。清代近三百年人才辈出，清人解易的著作非常丰富，主要是"训诂学"，即对《周易》古文字的解释，超过任何一个朝代。清代易学专著，仅《清史稿·艺文志》就著录一百五十多家，有一千七百多卷。清初宋易仍占统治地位，但顾炎武、王夫之、黄宗羲等学者对汉易象数学和宋易图书学进行了尖锐的批评。清人对易学在内的经学研究最大的贡献，就是对两千年来的学术进行了一次回顾整理，完成了一次历史性的总结。中国两千年易学研究的汉、宋两大家，清代以敢于争鸣的学风与务实的态度成为汉、宋及诸家易学的荟萃者和总结者。

近代易学对《易经》的研究，比较注重对"经"和"传"文字及易学文化史的注释。辛亥革命后，废除尊孔谈经，经学传承由此断裂，此后称以史学代经学。古文字学家高亨先生注释的《周易古经今注》《周易大传今注》水平较高。他将经与传分开，认为"经"是卜筮之书，"传"是哲学著作。还有尚秉和、郭沫若、闻一多、李镜池等人的著作，都注重《易经》历史的考证，从历史的角度去理解《易经》的卦爻辞。从20世纪80年代起，随着我国的改革开放，现代易学研究的热潮也逐渐兴起。

【采访　同期声】

1984年，全国第一次周易学术讨论会在武汉召开。1990年，《周易》与现代自然科学国际学术讨论会在周易发祥地安阳召开，此后安阳每年都举办"周易与现代化国际讨论会"，至2021年已召开了32届，每年会议都编有义理和术数两本论文集。中州古籍出版社出版了《周易与自然科学研究》一书，为当今国内《周易》研究的主要成果。近几年经国家财政投资，安阳师范学院成立了"《易藏》文献中心"，收藏了古今大量的易学书籍，为广开易学研究创造了有利的条件。

【解说　音乐起】

《周易》，历经数千年之沧桑，薪火相传，释家林立。无数仁人志士、专家、学者皓首穷经，考证训诂，留下了6000多部易学著作，可谓汗牛充栋，蔚为大观。中华民族五千年悠久文明的传承、深厚的历史渊源和广泛的现实基础，形成了《周易》独特的文化和历史使命。五千年以来，中华民族之所以能够久历众劫而不覆，多逢危难而不倾，独能遇衰而复振，不断地发展壮大，根源一脉传至当今，与《周易》文化和智慧的发扬光大不无关系。

《周易》博大精深的思想智慧，已经渗透到中国人生活的方方面面，它的内容极其丰富，对中国几千年的政治、经济、文化、军事等各个领域都产生了极其深刻的影响，已成为中华文化之根。

第二十三集

《周易》与中国文化

【字幕　淡入淡出】

文明特别是思想文化是一个国家、一个民族的灵魂。无论哪一个国家、哪一个民族，如果不珍惜自己的思想文化，丢掉了思想文化这个灵魂，这个国家、这个民族是立不起来的。

——习近平在纪念孔子诞辰 2565 周年国际学术研讨会暨国际儒学联合会第五届会员大会开幕会上的讲话

【解说　音乐起】

儒、释、道，可以说是中国文化的代表，其所蕴含的哲学思维无不与易学有着密切的关系。儒家的"中庸"和仁、义、礼、智、信，是《周易》持中守正和所揭示的天道固有品格的思想体现。佛教禅宗的"明心见性"与《周易》的"天人合一"及"天心合一"的哲学理念异曲同工。老子的"道"是《周易》"一阴一阳之谓道"的具体阐述。

《周易》的哲学思想千百年来一直是指导中国人思维和行为的准则。从空间上的百姓民居、皇家建筑到城市设计，从时间上的四季划分到十二个月、二十四节气的认定，从人文上的中国人起名和礼法的制定到尊卑次序的安排，从婚姻的选配到交友的取舍，等等，无不是《周易》阴阳对称、阴阳统一和谐的哲学思想的体现。我国古代许多朝代年号的命名有不少也源自《周易》的文辞。

【采访　同期声】

汉武帝年号"建元"，西晋司马炎年号"咸宁"，隋炀帝年号"大业"，唐太宗年号"贞观"，唐高宗年号"咸亨"，等等，都源自《周易》。元世祖忽必烈改国号为"元"，据说就是采纳了汉族官员的建议，依据《周易》中的"大哉乾元"而确定的。

【解说　音乐起】

这是我国明清时期建造的世界著名建筑群——故宫，它体现着中华文明，也体现着易学文化。其中，故宫前三大殿的保和殿、中和殿、太和殿，就是按照《周易》的阴阳原理而建，前殿为阳，后寝为阴；同时体现出易学"保合太和"的思想。后三大宫为乾清宫、坤宁宫、交泰殿，是按照《周易·泰》卦"地天交合而成泰"的哲理，三宫又分左右十二宫，即东六宫与西六宫。

易学对建筑学的影响，其中有着深厚的哲理。在北京的城门中，外城门有七个：东便门、西便门、广渠门、左安门、右安门、永定门、广安门，喻面南向明而治。内城门有九个，喻九五之尊。皇城的大门，南有天安门，北有地安门，东有东安门，西有西安门，象征先天八卦、乾天坤地、离日坎月之格局。

在浩如烟海的中国文辞语汇中，有200多个成语源于《周易》。如自强不息、厚德载物、群龙无首、九五之尊、革故鼎新、三阳开泰、否极泰来、谦谦君子、殊途同归、乐天知命、洗心革面、正大光明等等。

【采访　同期声】

《周易》的易理渗透于中国文化的各个层面，渗透于中国人生活的方方面面，然而，"百姓日用而不知"，这是说百姓经常运用阴阳之道但毫无认识。有人说传统文化就像一棵生长了数千年的大树，《周易》

既是这棵大树的树根，又是树干。

【解说 音乐起】

《周易》的阴阳学说是中医阴阳学说的基础，有"医易同源"之说。《周易》的"凡益之道，与时偕行"思想对我国中医有着至为重要的影响。中医"一人一方"和"因病成方"的治疗原则就源于此。我国最早的中医经典著作《黄帝内经》，受《易经》的影响很大。秦汉时期的《神农本草经》运用八卦取象的观念，明确了中医用药原则。东汉医圣张仲景《伤寒论》把阴阳学说和太极含三为一发展为六经学说，创立了"六经辨证"的原则，奠定了临床医学的基础。

《周易》对军事理论有着直接的影响。宋代王应麟在《通鉴答问》中称："盖《易》之为书，兵法尽备。"历史上著名的军事家孙膑、吴起、诸葛亮等，都是根据易学的原理排兵布阵。明代戚继光抗倭，在创立阵法时也参照了《周易》的原理。

【采访 同期声】

被认为世界上最复杂的游戏之一的"围棋"，在我国春秋时代就很流行，也是根据《易经》原理演变而来。每颗围棋是一个圆体，就像一个小太极图，围棋黑、白两种颜色，代表阴、阳。此外，《周易》还对园林、养生、环保、农业等方面都产生过巨大的影响。

【解说 音乐起】

《周易》是文化之根，智慧之源，是中华传统文化的最高典范。

2013 年，习近平总书记在全国宣传思想工作会议上的讲话中指出："讲清楚中华文化积淀着中华民族最深沉的精神追求，是中华民族生生不息、发展壮大的丰厚滋养；讲清楚中华优秀传统文化是中华民族的突出优势，是我们最深厚的文化软实力；讲清楚中国特色社会主义植根于中华文化沃土，反映了中国人民的意愿、适应中国和时代发展进步要求，有着深厚历史渊源和广泛现实基础。"

　　《周易》作为一部独特的文化经典，影响并形成了中华民族独特的文化传统，它注定了中国文化过去、今天和将来的必然发展道路。

第二十四集

《周易》与中国传统道德

【字幕 淡入淡出】

中华民族的传统美德，是中国古代道德文明的精华，是中国这个民族大家庭共存共荣的凝聚剂和内聚力，它在价值的意义上形成中华民族道德人格的精髓或精魂。

【解说 音乐起】

中华民族是一个十分讲究道德的民族。

《周易》揭示了宇宙万物的统一辩证规律，论述了天、地、人三才与大和哲学。然而《周易》的思想中心更在于社会人生哲学，在于崇尚道德哲学。古代易学家认为，"道德"这两个字，原本是分开的。道，就是道理；德是得到的意思，把道理付诸实践而有所得，就是德。

我们从《周易》的六十四卦中可以看到，绝大多数的卦辞、象辞、象辞、爻辞都是以具体的历史事件、历史人物，以及孔子、老子的至理名言，揭示了道德的内涵。它从多方面对传统道德的来源、实质、表现形式、定义、意义作了阐述。《周易》对道德行为的基本原则是"时"和"中"。"时"指时运，"中"指和谐。意思是说，在天地万物、社会人生的动态变化过程中，人要面对不断发展和变化的客观环境，随时随地调整自己的道德行为，通过因时制宜、因地制宜、变而求通、通而求和的办法，顺"时"而动，动而趋"中"，以达到阴阳和谐。

【采访　同期声】

从传统意义上讲，道是指道理、方法、途径；德，就是得，得到，就是说用这种道理方法治理国家天下就能使人民得到幸福，得到利益，能使人民得到利益得到幸福就是德。

【解说　音乐起】

《周易》对道德的要求和影响来自"他律"和"自律"两个方面。在"他律"方面，《周易》认为，人类的道德修养应以天地之间的自然规律为效法对象，以客观外在的伦理规范为衡量标准，以后天学习的知识积累为修养功夫。"天行健，君子以自强不息"，"地势坤，君子以厚德载物"，这就是说君子自强不息的进取精神是仿效天的刚健，厚德载物的宽容精神是取法地的宽厚。《周易·益·象传》中说："风雷，益。君子以见善则迁，有过则改。"在"自律"方面，《周易》提出，人要加强自身的道德修养。《周易·震·象传》提出："君子以恐惧修省。"《周易·蹇·象传》提出："君子以反省修德。"《周易·损·象传》提出："君子以惩忿窒欲。"

这些卦爻辞，一方面，要求人们加强"修省""修德"，每日反省，修身养性，达到至真至善；另一方面，要求人们面对烦恼、忧愁，要克制愤怒、克制欲望，才能抑恶扬善，修成正果，达到"穷理尽性，以至于命"的天人合一的最高境界。

【采访　同期声】

道德，起源于三皇五帝对天地自然变化规律的反复观察和研究感悟。他们创建的模糊而神秘的治国之道——天命，被老子升华概括为道德。

【解说　音乐起】

传统道德，就是古代圣人效仿天地自然之常性，是执政者创建的能使万物和谐，使人民得到幸福安乐，治国理政的道理和方法。老子在《道德经》中，阐述了关于天命、天道、天德的内涵，将天命论概括升华为道德之后，就有了道德的意义。孔子一生都以推行道德治理国家天下为天命，而且通过易学给以总结和明确，其目的就是发扬光大古圣先贤以德治国的伟大事业。

传统道德是治理国家天下的最高准则。中华民族的历史经验已经证明，自我们的先圣、先祖开创了这条治理国家的光明大道以来，中华民族的子子孙孙正在沿着这条光明大道前赴后继，以后浪推前浪的历史潮流，推动中华民族历史的进程。

【采访　同期声】

无论历史怎样演变和改朝换代，改朝换代的动力却永远都是以尊道而行的有道者，将那些不为人民谋利益的无道失德者拉下马，有道德者重新建立能为人民谋利益的新政权，这就是中华民族的传统道德。

【解说　音乐起】

《周易》六十四卦所述的内容，主要是关于古代圣贤创立的传统道德，以传统道德治理国家使人民得到安乐，以及不以传统道德治理国家使人民遭受灾难困苦的历史事实。不仅如此，而且还从六十四卦所述的内容中，抽象总结出我们应该效仿和引以为戒的警示名言。这对于国人都有非常重大的教化意义。

《周易》的教化意义主要在于使人能够及时反省自己的作为，自修其德。《周易·大有·象传》曰："君子以遏恶扬善，顺天休命。"这是说君子应该阻止邪恶、罪恶，惩处恶势力，而发扬光大天之善德，发扬光大先祖先贤之美德，发扬光大一切美善之德，并且能称颂别人的美德，能以顺应天之美善之德为天之命令。

《三字经》有言："人之初，性本善。"素质，是人善良的本性。提高人的素质，就是通过有效的教化，使人恢复和提高原本的善良，达到社会和谐。

【采访　同期声】

《周易》道德思想体系是在"自强不息、厚德载物"的思想统领下，分别由六十四卦中的九个卦，即《履》《谦》《复》《恒》《损》《益》《困》《井》《巽》组成。

【解说　音乐起】

《履》卦，德之基也，是道德的基础，重在实践。《谦》卦，德之柄也，突出谦逊，是道德的抓手。《复》卦，德之本也，是德行的根本。《恒》卦，德之固也，象征长久，是道德的守则。《损》卦，德之修也，讲道德的修养，注重施舍。《益》卦，德之裕也，侧重充裕，是道德的能源。《困》卦，德之辨，重于思考，是道德的论坛。《井》卦，德之地也，提倡贡献，是道德的品质。《巽》卦，德之制，申明号令，以示制度。

《周易》的道德思想，是以这种讲故事的方式，把东方朴素的道德智慧持续不断地讲述了几千年，对中国人的道德修养产生了极其深远的影响。《周易》被儒家尊为五经之首，它的道德思想一直被历代统治者广泛采用。在中国封建社会，能读懂《周易》的人大多数是高级知识分子，他们向来注重治学立言，极为看重自身的道德修养，从某些程度上讲比我们现代人有过之而无不及。《周易》崇尚道德哲学，包含品德、道德和功德、德业、德政。其主题内容是：尚仁、崇义、大业和义。在《易传》中曾多次出现"仁"字与"义"字，"仁""义"是中国古代道德范畴用语。《易传·说》卦中的"立人之道曰仁与义"，是对和顺于道德而理于义的具体表述。

【采访　同期声】

自强不息和厚德载物精神,是中华志士仁人崇尚的最高道德境界,是一种伟大的民族精神,有着与天地相匹配的深邃内涵。

【解说　音乐起】

1914 年冬,中国近代思想家、维新运动领袖梁启超先生在清华大学演讲,以"君子"为讲题,引用了《周易》中"自强不息、厚德载物"的中心内容,希望清华学子都能继承中华传统美德。"自强不息、厚德载物"这八个字被写进了清华校规,并确定为校训,作图制徽,永久流传。

2014 年 3 月 21 日,彭丽媛陪同美国总统奥巴马夫人米歇尔一起走进了北师大二附中的书法课堂。彭丽媛向米歇尔示范如何握笔,并在学生们的邀请下挥毫写下了"厚德载物"四个大字以相赠。这无疑是在表达中国人的宽厚仁爱、博大坦荡之胸怀。

《周易》,作为一部道德哲学教化之书,古往今来,世界上没有任何一门学术比它更古老、更丰富、更具生命张力。中国传统文化中的道德观,超越了民族、血缘、语言、地域等方面的区别,跨越阶层、行业、职业、利益等方面的差异,熔铸起实现中国梦的不可缺失的精神支柱。

五千多年的华夏文明创造了博大精深的中华文化,中华文化积淀着最深沉的道德追求和独特的精神标志,成为中华民族生生不息、永固发展的丰厚滋养。

第二十五集

打开《周易》之门的金钥匙

【字幕 淡入淡出】

《易传》是理解《易经》的一把钥匙，没有《易传》的话，我们今日便不可能看懂《易经》。

——易学名家 金景芳

【解说 音乐起】

历史学是人类对自己的历史材料进行筛选和组合的知识形式，是个静态时间中的动态空间概念。历史学最早产生于春秋战国，孔子之时就已经开始历史学教育，整理修订《春秋》。汉朝司马迁父子建立更加完善的历史学体系和创作形式，历史学开始成为官方重点研究学科。《周易》首先为史书。《易经》有三种，即神农创立的《连山易》、黄帝创立的《归藏易》和周文王创立的《周易》。这三本书都是以八卦体为篇章结构的书，深受当时各自所处的政治环境的影响。中国历代王朝都有一个传统，就是每个朝代都喜欢编撰前朝的史书，其目的是阐明前朝之兴亡，从而汲取经验教训，更有利于本朝的长久统治。

《周易》与史学的渊源特别深远，其中的卦爻辞多是一些具体的事件或现象，如祭祀、狩猎、战争、司法刑狱、畜牧、农业、商旅贸易、社会生活、远古史说等，并且从这些事件或现象蕴含的深刻道理中，来说明吉凶祸福。这样一来，那些具体的事件或现象就具有了一般的或普遍的意义。

【采访　同期声】

孔子研究《周易》的原因，主要是当时的奴隶社会正走向瓦解崩溃。孔子以为社会动乱是"世道衰微，人心不古"所致，于是修订《诗》《书》《礼》《乐》《周易》，作《春秋》，以"克己复礼"为己任。孔子晚年研读《周易》，"居则在席，行则在橐""韦编三绝"，可谓如痴如醉。而孔子并没有停留在占筮的功能上，而是融进了自己对宇宙万物、社会人伦的理解。《周易》在孔子时代可能还会有其他版本存在，易学在当时还是一种比较珍贵的知识，流通范围还不是太广泛。古代易学兴旺起来，是因为孔子所传的易学逐步成为世人学习的主流。

《周易》分"经"与"传"两部分，"经"的部分包括六十四卦卦爻辞，"传"的部分包括阐释《周易》经文的十篇文章，又称《十翼》。"经"是本体，"传"是解"经"的义理。《易传》七种十篇，原来是单独刊行，汉武帝时期《周易》古经合在一起，"传"上升到与"经"并驾齐驱的地位。

【解说　音乐起】

孔子思想的根本出发点就是济世。儒家思想的实质与核心，是齐家治国平天下的社会实践，而《周易》提出不脱离社会，强调实践，并把人道与天道并重，善于从宇宙天地中悟出其"道"。

金景芳先生说："《易》本是卜筮之书，这一点不能否认。但是发展到《周易》，已具有丰富的哲学思想了。不过它的哲学思想隐晦不易懂，孔子作《易传》，对《易经》加以说明，《周易》的内在思想，我们才可以理解。"

【采访　同期声】

《易传》是孔子的学《易》心得，抒发的是儒家的理念。《易传》

不仅对周文王《古经》的传承和发展有着重要的作用，而且对儒家自身所创造的思想体系起到了升华的作用，使儒家从重视个人修养、国家兴衰，发展到揭示宇宙运行的自然规律。

《易传》作为一部古代哲学伦理著作，对宇宙自然规律性的认识及其对人类思维模式自身的审视都达到了相当深刻的程度。它是长期以来古圣先贤们对易学的感受体会和经验的总结，是打开《周易》之门的金钥匙，是学《易》研《易》必备的最基础的知识，它会使人们全面掌握易学的世界观和方法论，引导人们顺利走进易学的殿堂。

【解说　音乐起】

由此，《周易》成为中华文化之根，成为中华文明史上一部内涵精深、流传久远的经典。它对中国几千年来的政治、经济、文化等各个领域都产生过深刻而深远的影响。

《周易》以天、地、人论述了宇宙自然物的唯物辩证规律，但《周易》的重心更在于社会人生哲学，崇尚道德实践。崇德的主体内涵是尚仁、崇义、大业和义。孔子及其弟子以德义思想全面诠释《周易》古经，在《易传》中多次出现"仁"字和"义"字。正如《四库全书总目提要》所说，《周易》探求的正是"推天道以明人事"。

易学文化同中华五千多年的文明一脉相承，积淀着最深沉的精神追求和独特的精神力量，成为中华民族生生不息、永固发展的丰厚滋养。

第二十六集

唯象思维与古代科技

【字幕 淡入淡出】

"观象制器"之说，本来只是一种文化起源的学说。……所谓观象，只是象而已，并不专指卦象。卦象只是象之一种符号而已。

——著名思想家、哲学家 胡适

【解说 音乐起】

唯象思维是一种形象思维，它的基本特征是取象比类，强调阴阳对称、刚柔并济、对立统一。《周易》所包含的科学技术观，对我国古代传统科技也具有深刻的影响。"制器尚象观"，是易学关于创造和发明程序的一种理论观点，主张取卦象自然形构制器以行圣人之道，即"以制器者尚其象"。

【采访 同期声】

汉代易学家孟喜以卦气说，将六十四卦系统配四季、十二个月、二十四节气、七十二候、三百六十五日，这种以六十四卦建立历法显示的形式系统，正是《易传》"制器尚象"说在天文领域的一种应用。

【解说 音乐起】

在古代，天文学家用象数来表示各种星相的位置、运动周期，历法家用象数描绘日月往来、阴阳消长、四季物候变化的节律，医学家则用象数来描述人体脏器的分布规律以及生命节律的变化轨迹，化学家用八卦来论述丹鼎炉火及各种物质的互相转化，律乐家用象数来表达律吕音节的损益法则，等等。在数学领域，三国时期的数学家赵爽发展"制器尚象"思想，著《勾股圆方图注》；刘徽《九章算术注》，依"物类形象"，把数学研究的形象思维发展为"析理以辞，解体用图"的数学方法论纲领。

【采访　同期声】

春秋战国时期，甘德、石申、巫咸等各自建立了自己的星官体系。到了三国时期，吴国的太史令综合了甘、石、巫三家星官，编撰成包括283个星官，计1464颗恒星的星表，并绘制成图。后来的晋、隋、唐继承并加以发展，我国的星区划分体系趋于成熟，此后历代延续千年之久。其中最重要的星官是三垣、二十八宿。

【解说　音乐起】

《周易》认为，人类正是依据对自然现象的感性直观与理性想象或思维形象，制造出相应的技术工具与器物。《周易·系辞传》记载：古代罗网的制造，依据的是《离》卦的卦象；耜、耒（农具）的制造，依据的是《益》卦的卦象；市场的建造，依据的是《噬嗑》卦的卦象；衣裳的编制，依据的是《乾》卦、《坤》卦的卦象；等等。《周易》不仅关注科学技术对人类生产生活的重大影响，而且知晓科学技术的产生来源于人类对自然现象的经验感知。

【采访　同期声】

观象制器，也称"制器尚象"，这是中国古代对科技发明所用的词语。中国著名思想家、哲学家胡适认为，观象制器之说，本来只是一种文化起源的学说。中华文明很早就形成了统一观念及符号表现形式，早在甲骨文之前，就存在着观象、制器、通神明、类万物的器物符号。

【解说　音乐起】

这些器物符号在各地考古发现的大量新石器时代文化遗址及陶器、石器、玉器中都存在。特别是那些分布较广，延续时间较长，在遗址、遗存中有明显地域特征并流传有序的文化遗存，如在仰韶文化、红山文化、良渚文化等文化遗址中都能找到代表性的符号。

【采访　同期声】

在公元前5000年—前3000年，河南三门峡仰韶文化遗址考古发现大量陶器、石器。在公元前4000年—前3000年，内蒙古赤峰红山文化遗址考古发现祭坛、玉器、陶器。在公元前3300年—前2400年，浙江杭州良渚文化遗址考古发现大量陶器、玉器。

【解说　音乐起】

中华文明始祖伏羲和女娲使用的工具与彩陶中的割圆符号有着惊人的相似之处。伏羲、女娲他们手执的"规矩"，就是肇始中华文明的伟大产物。

第二十七集

易学与天文学

【字幕 淡入淡出】

必须研究自然科学各个部门的顺序的发展。首先是天文学——游牧民族和农业民族为了定季节，就已经绝对需要它。

——恩格斯《自然辩证法》

【解说 音乐起】

如果说人类的起源与地球环境有着直接的关系，那么，人类的文化启蒙与发展，就是从观察"天文"和"星象"开始的。

中华民族的古代先民，通过观察日月星辰的变化来了解气象的变化，从而发现广阔无垠的宇宙奥妙和易学的规律，产生了古代天文学历数的最初形式——先天八卦。

进入古代农业社会，先民们全是靠"天"吃饭，所以在夏、商、周三代，人们的天文知识就已经普及了。可以说，中国天文学在世界上是最早发展起来的。明末清初的大学问家顾炎武曾说："三代以上，人皆知天文。"也就是说，在多个文明古国，如古巴比伦、古埃及、古印度都有天文学，但是像中国这样天文学渗透到多个文化领域的国度是很特殊的。

四书五经中的《尚书》，是中国汉民族第一部古典散文集和最早的历史文献，其在讲述帝尧的政治政绩中，有五分之二的篇幅是谈天文的。据记载，天文是当时国家最关心的一件大事，政府部门必须任命官吏来观察天象，不仅在中原观看，还要派人到四处去看。这反映出天文学在国家层面的重要性，同时也奠定了天文学的地位。

著名诗人、学者闻一多先生，对《周易》与天文学做过明确论述。他认为《乾》卦的整体是北斗星的表征，而《乾》卦各爻则描绘了东宫苍龙所代表的龙马拉着帝车在天空运行。他曾撰写《周易义证类纂》，言东方苍龙之象。

【采访 同期声】

《周易·系辞传》曰："古者包牺氏之王天下也，仰则观象于天，俯则观法于地，观鸟兽之文，与地之宜，近取诸身，远取诸物，于是始作八卦，以通神明之德，以类万物之情。"

【解说 音乐起】

所谓"观象于天"，即指《周易》的卦象和爻辞与天象有关。具体地说，《周易·乾》卦爻辞，就是与轩辕星座密切相关的。《周易》反映古人对天象的观察，最显著的特点就是"日月为象"。

在我国的古代传说中，伏羲氏以太阳纪日，女娲以月亮纪日，黄帝取星象于四方，尧舜建辰于天极，都是古代先贤"法天取象"，对天象最原始的观察。据文献记载，远在四千多年前，尧帝时就设有司天官。天人合一，正是建立在对天象的长期观察基础之上的结论。这一理论在中国传统文化中长期占据主导地位，由此而形成的崇天文化在全世界范围内独树一帜。当时"观天象"就是为专制朝廷占卜吉凶和编订历法，还有为农业生产服务。

在古代汉学中，也有不同程度地反映了占星术与阴阳五行概念的思想，其中"观象于天，法类于地"的思想成为易学的核心理念。汉代大儒董仲舒提出的"天人感应"学说，加剧了占星术对国人思想的影响。

南阳师范学院图书馆研究员韩连武认为，"元亨利贞"是天道周期文字符号，与"春夏秋冬"斗柄运动状态相对应。《鹖冠子·环流》曰："斗柄东指，天下皆春；斗柄南指，天下皆夏；斗柄西指，天下皆秋；斗柄北指，天下皆冬。"《乾》《坤》两卦皆有"元、亨、利、贞"四字，表明乾坤共同作用于天道周期的过程。

【采访　同期声】

《周易·系辞上》曰："仰以观于天文，俯以察于地理，是故知幽明之故。"意思是说，古人通过仰观天文和俯察地理而弄清了明显和不明显的事物。《周易·系辞传》强调以日月之意义来阐述阴阳，就是以一阴一阳之道比拟天地、四时、日月，而又以阴阳配日月，作为阐述阴阳之道的重点。

【解说　音乐起】

四象，就是古人将东、北、西、南四个方向划为四部分，将全天二十八宿划分到四方，每方为七个星宿，并根据这四部分中的七个星宿组成的形状，以与之相像的动物形象——东方青龙、西方白虎、南方朱雀、北方玄武来命名。

二十八宿的创设是古代天文学史上的一大进步。在实践中，季节的变化与太阳所处的位置有关，星象在四季中出没早晚的变化，反映着太阳在天空中的运动。由于当时古人难于直接测定太阳相应的位置，就用月球所处的星象位置推算太阳所处的位置。而月球绕地球运转一周为27日多（恒月），恰好一天经过一宿。之后二十八宿的作用不断扩大，对古人观象制历方面发挥了重要的作用。

第二十八集

《周易》与中医学（上）

【字幕　淡入淡出】

不知《易》者，不足以言太医。

——唐代医药学家　孙思邈

【解说　音乐起】

中医学是中国的传统医学，与中华的诸多发明相比，它是唯一体系完整且科学思想与操作完美结合的创造发明。自古就有"易医同源"之说，易学对中国中医学产生着极其深远的影响。

战国时期，《黄帝内经》问世，奠定了我国医学的理论基础，这是我国现存最早的中医学理论性论著，在整个中医的发展过程中起着重要的作用，一直指导着整个中医学术的发展，是学习中医不可缺少的一部经典读物。《周易》与《黄帝内经》两者关系十分密切。在《周易》的卦象中，以乾为首，坤为腹，震为足，巽为股，坎为耳，离为目，艮为手，兑为口。在《周易》爻辞中，直接使用医学术语来表达吉凶程度，比如：泣血涟如；血去惕出；贞疾；恒不死；噬腊肉遇毒；无妄之疾，勿药有喜；损其疾，使遄有喜；臀无肤，其行次且；妇孕不育；等等。而从另外一个角度来说，易学的产生，中医学在其中也发挥了一定的作用。

【采访　同期声】

易学对于中医学的发展产生了十分深刻的影响，历代著名医家都非常重视对于易学的研究工作。

【解说　音乐起】

唐代药王孙思邈说过："不知《易》者，不足以言太医。"他强调了易学对中医学的指导作用。明朝张景岳则在《医易义》中系统地提出："天地之道……以阴阳二气而长养百骸。《易》者，易也，具阴阳动静之妙；医者，意也，合阴阳消长之机。虽阴阳已备于《内经》，而变化莫大乎《周易》。"

【采访　同期声】

《周易·系辞传》说"近取诸身，远取诸物"，易学把人体脏腑器官纳入《易》的框架，使《易》的基本观念成为医学的基本观念。

【解说　音乐起】

中医学的整体观是易学天、地、人三才统一的整体观在医学上的体现。这种三才统一的思想，又称天人观，把人看作自然界之一分子，即从天、地、人的大系统的开放体系，以其联系变化、相互制约等关系审视人。易理，在医学方面具有悠久的应用历史，其涉及范围之广，使用医家之多，影响后世之远几千年。现在我们看到中医学基础理论、辨证论治、方药制剂、针灸气功等各个方面，都明显受到易学的影响，并且逐渐地成为一个有机的组成部分。被奉为"脉学之宗"的扁鹊，提出了重要的中医理论——"四诊法"，即"望、闻、问、切"，两千多年来一直沿用。秦汉时期药物学专著《神农本草经》（托名"神农"所作）、神医华佗的"麻沸散"、张仲景的《伤寒杂病论》、唐朝的《唐本草》、孙思邈的《千金要方》、明朝李时珍的《本草纲目》等，在中国医学史上占有极为重要的地位，创造了伟大的成就。

【采访　同期声】

这些经典的中医学著作，始终贯穿着《周易》的阴阳学说、五行学说、藏象学说、类比思想和卦爻数理。其中阴阳学说更是中医传统医学朴素辩证法的核心，是中医学理论的核心指导思想，并广泛应用于阐释人体生理、病理、诊断、治疗和预防，同时也奠定了中药学关于"四气""五味"的基本原则。

【解说　音乐起】

张景岳作为明代杰出的医学家、温补学派的中心代表人物，其学术思想对后世影响非常大。他在《医易义》中讲道："《易》具医之理，医得《易》之用……然则医不可以无《易》，《易》不可以无医。"充分表明了《周易》是中国传统中医学的根源所在，如果没有研究过《周易》就去研究中医学，那是很难让人信服的。在没有西医的几千年里，中华民族在中医的照料下繁衍生息着，同时也涌现出一批批悬壶济世、杏林春暖、医术高超、医德高尚的中国古代名医。

第二十九集

《周易》与中医学（下）

【字幕　淡入淡出】

《易》具医之理，医得《易》之用……然则医不可以无《易》，《易》不可以无医。

——明代医学家　张景岳

【解说　音乐起】

医易同源，医易合一。我国中医学体系的传承，华夏传统医学的发展，离不开易学与中医学的有效结合，这是中医学得以继承和发展的根本原因所在。

然而，现代不乏一些人对中医的认识有所偏颇，认为西医见效快，中医见效慢。中医只能治慢性病和那些基本没有生命危险的轻症。这些说法的存在，或许是对中医的误解，或许是从医者水平的问题导致了中国现代中医学的沦落。但绝不能说中医学治病不行！

对于现行的中医学从医者来说，一个不可否认的事实是绝大部分医者还没有弄懂《周易》的原理。

【采访　同期声】

甲：其实，现代的西医，也开始越来越注重对中国传统中医的研究，并且在很多方面引入系统中医学的概念，也将人作为整体来考虑问题，不再像以前那样分割来对待病症，甚至在西方已经出现了所谓的"全科医生"。可以说，这就是中医学思想理论被认可和被发展的最好体现。

乙：德国慕尼黑大学波克特教授曾经研究中医四十年，他编著出版过很多中医学图书，如《中医临床药理学》《中医方剂学》《中医针灸学》《中医诊断学》《中医基础理论》等。其中《中医基础理论》一书风靡欧美，被译成多种文字，并多次出版。

【解说　音乐起】

波克特教授在德国慕尼黑创办过"国际中医社团"，开展专题研究，并多次在世界各地举办学习班、报告会、学术交流会。数十年学习研究中医，矢志努力，耕耘不懈。波克特认为："中医药在中国至今没有受到文化上的虔诚对待，没有为确定其科学传统地位而进行认识论的研究和合理的科学探讨，没有从对全人类的福利出发给予人道主义的关注。所受到的是教条式的轻视和文化摧残。这样做的不是外人，而是中国的医务人员。他们不承认在中国本土上的宝藏，为了追求时髦，用西方的术语胡乱消灭和模糊中医的信息。"

【采访　同期声】

德国是使用植物药最多的欧洲国家，占领了欧洲草药市场的70%左右。据相关调查，58%左右的德国人服用天然药物，85%左右的德国人认为天然药物有效，毒素比较低。

【解说　音乐起】

《周易·系辞传》曰："一阴一阳之谓道。"中医学承袭了《周易》阴阳的理论。《黄帝内经》中就提出了阴阳对待、阴阳匀平、阴阳互根、阴阳消长、阴阳逆顺、阴阳离合、阴阳交争、阴阳转化等一系列规律，并用以概括医学现象成为医学理论。由此，阴阳在医学中不仅仅是观念、方法和思维方式，已经成为中医学的本体论内容。辨证论治是中医学临床的操作体系。《周易》的变易观念和它的辩证逻辑思维方式是中医学走上辨证论治道路的根本原因。效法易学的动态观，则是动态地看待疾病。《周易·系辞下》曰："夫《易》，彰往而察来，而微显阐幽，开而当名辨物，正言断辞则备矣。"其对待疾病重在"辨"。《周易·文言传》强调"先天而天弗违，后天而奉天时"，要符合客观规律。

【采访　同期声】

在"唯变所适""通权达变""与四时合其序""与天地合其德"等思想合力的影响下，在《黄帝内经》理论的基础上，以《伤寒论》为标志，中医创立了辨证论治。

【解说　音乐起】

《周易》的阴阳平衡思想，对于动中必有静、静中必有动、动静平衡的观念还反映在卦象上，无论是八卦还是六十四卦，对于阴阳爻的数量、位置都是平衡的，其中体现了发展中和变化中的平衡。《周易》在阴阳、天地、水火、日月、刚柔等基础上产生了相对平衡的理论，《黄帝内经》的平衡观融合了易学的原理，阐释了包括自然界的平衡、人体内的平衡和体内外环境的平衡，成为中医研究治疗疾病的一种特殊的处理方法。

第三十集

易学与中国建筑

【字幕 淡入淡出】

后世圣人易之以宫室，上栋下宇，以待风雨，盖取诸《大壮》。

——《周易·系辞下》

【解说 音乐起】

建筑是人类的伟大创造，中华建筑体现着古老的中华文明，同时也体现着易学文化。《周易》作为中华文明的基石，对中国传统建筑文化产生了重要的影响，从规划指导到结构演算、从艺术造型到内在功能，对我国的建筑文化影响深远。

随着人类的进化，原始人类的居住环境经历山洞的"穴居"、树上的"巢居"和简易帐篷、茅草墙体，直到后来有了用石块和泥土搭墙建屋的固定住宅。无论是哪一种方式，都不外乎避寒暑风雨，防虫蛇猛兽，有利于人身安全和健康的基本功能。

【采访 同期声】

据考古资料发现，我国最早的房屋建筑模式主要有两种，一种是以陕西西安半坡遗址为代表的北方建筑模式——半地穴式房屋和地面房屋；另一种是以浙江余姚河姆渡遗址为代表的长江流域及以南地区的建筑模式——干栏式建筑。干栏式建筑，上面住人，下面饲养牲畜。其实，古代先人从穴居和树巢时起，就有了向阳背阴、效法自然的观念。

【解说　音乐起】

孔子《易传》记载了"宫室"的发明，说上古的时候人们在洞穴中居住而生活于野外，后世的圣人改为"宫室"，宫室上有栋梁，下有檐宇，以防风雪。《周易·豫·象传》曰"豫，顺以动，故天地如之"，所以建筑也应顺应山势、水势，顺应自然，体现顺天而行的原则，向阳背阴就是效法自然。

《周易》一书中保留了大量有关我国传统建筑的史料，《周易》对中国传统建筑文化做出了哲学阐释，有着巨大的理论贡献。古往今来的建筑文化都与《周易》有着紧密关系，从选址、规划、研究地质、磁场方位、光照气流，到观测山水走向、风向气候、环境景观都渗透着易学思想。

《周易》文化对中国建筑的影响主要表现在三个方面：一是选址和方位的影响；二是对结构及功能的影响；三是艺术、文化、哲学思想渗透其中，使其成为中华文化的一项重要标志。

【采访　同期声】

如明代建造的北京故宫，其选址依照古代源于《周易》的星象学，北极星位于中天，乃天帝所居，天人对应，其所有的大殿、偏厅名称全部源于《周易》。九宫方正的建筑布局源自《河图》《洛书》，具体安排以九宫图为本。

【解说　音乐起】

九宫图布局取其方正，即中心对称，故宫的布局设计核心是九宫图的对称性，房子都分区、分类布局，其中心轴对称，结构巧妙，为世界设计师所惊叹。主体功能建筑平行排列在主轴线上，东、西完全对称。太和殿、中和殿、保和殿主议事大殿均以《周易》中的"和"字为核心，乾清宫、交泰殿、坤宁宫，也完全是按照先天八卦图的方位所设。

【采访 同期声】

四川的都江堰，也是一个闪耀着《周易》哲学思想的经典之作。都江堰位于岷江由山谷河道进入冲积平原的地方，秦昭王时，蜀郡守李冰父子在总结前人治水经验的基础上，充分运用易学原理，因势利导，一分为二，以疏为治。

都江堰的运行数理分别应用于《周易》中的《震》卦（丰水期）和《坎》卦（枯水期），是一个典型的"无为"管理体系，即管理有序，形成了规律。

【解说 音乐起】

易学原理对运动的规律，对淤积的化解，对动与静的相对转换与对立统一，对阴阳相生相克相伴相成的辩证法，都渗入了都江堰整个工程的策划、设计和实施当中，使其成为一座彰显中华文明特征，造福千秋万代的历史丰碑。

【采访 同期声】

2010 年上海世博会建造的中国展馆气势恢宏、巍峨简洁、方正庄重。整个展馆南北朝向，东西对称；衔接自然，过渡自如；主色调喜庆肃穆，以柱为基，以隼交错相连，由小而大向上升延，可以说将易学理念演绎到极致，为建筑之经典，被誉为"东方之冠"。

【解说 音乐起】

中国所具有民族特色的建筑，甚至涵盖现代建筑，无一不秉承着易学思想：蕴含着朝向、气流、近水、方正之基本原则和要素。一些经典建筑更是充分利用《周易》文化原理，对环境地理、五行平衡、太极阴阳、天干地支、二十四节令等元素进行抽象提炼，最终完美表达于整个项目。各个建筑群体与地貌、自然环境融为一体，达到天人合一的至高境界。如浙江武义县俞源太极星象村、浙江兰溪诸葛八卦村、河北省赵县洨河赵州桥、苏州园林……名山大川、皇城商埠，博大精深的建筑文化闪耀着易学智慧的光芒。

第三十一集

易学与中国书法

【字幕 淡入淡出】

玄妙之意，出于物类之表；幽深之理，伏于杳冥之间；岂常情之所能言，世智之所能测。

——唐代著名书法家、评论家 张怀瓘

【解说 音乐起】

千百年来，书法艺坛上流传着这样一句话：中国的书法是无言的诗，无形的舞，无图的画，无声的乐。这话听起来好像有点玄妙。

它的玄妙就在于书法艺术内在的本身，而内在的本身就有着易学的基本哲学原理。阴阳的对立统一和五行的生克制化规律，就像一幅太极图，充满着动与静、黑与白、长与消、强与弱的矛盾的对立和统一。

其实，在中国的所有文学艺术形式中，都隐含着这种永远不变的玄妙。诗歌有情绪的高低变化，舞蹈有刚柔和速度的变化，音乐有高低和长短的变化，绘画有色彩对比的变化，等等。但无论怎样千变万化，最终都脱离不了阴阳的"对立统一"规律。

【采访 同期声】

中国的古圣先贤，最初是结绳记事，通过"近取诸身，远取诸物"以图记事，从图案化的形象符号，到最终演变为由线条构成的甲骨文。

这个历史演变的链条，使得甲骨文从原始的线图最终演变为成熟的文字。

【解说　音乐起】

中国文化的精髓是"天人合一"，书法的最高境界是创造和谐的美。只不过这种和谐的美，是通过笔法墨法、字体结构、章法布白，以及笔画之间、字与字之间错落补缺、浓淡相间等生克关系的规律达到总体平衡。也就是说，书法艺术是以易理为基础，充满着易理的思维理念。易学的阴阳哲理对中国书法起源有着深刻的影响，阴爻、阳爻的组合变化，表达了对自然、社会、生活的观察和感受。书法线条也像卦爻的符号，通过线条和结构变化，表现个人的情感，体现了易学"天人合一"的哲学观念。

【采访　同期声】

众所周知，所谓练书法，就是练笔法、墨法、字体结构和章法。让书体符合阴阳对立统一，并将这种对立统一形成一种习惯和自觉性。有人说，一个好的书法家，就是掌握书法阴阳平衡的高手，是艺术哲学理论的实践高手。

【解说　音乐起】

毛泽东的书法可谓出神入化。他曾说："字的结构有大小、疏密，笔画有长短、粗细、曲直、交叉，笔势上又有虚与实、动与静，布局上有行与行间的关系、黑白之间的关系。你看，这一对对的矛盾都是对立面的统一啊！"此语说得很精辟，书法之中既存在着矛盾，又有协调统一，中国的书法充满了辩证法思想。

一个好的书法家，首先需要领悟阴阳，因为一个好字必须是阴阳和谐的。书法中的阴阳和谐之美是十分常见的，例如横细竖粗、撇细捺粗，这些都是阴阳的基本体现。一个好字，它中间的阴阳必定是共同存在的，并且搭配得很和谐，做到了阴阳互相包容，互相渗透，互相贯通，互相合作，而且阳不离阴，阴不离阳。

【采访　同期声】

中国书法是以黑、白为主调的独特艺术，布白有三种：字的布白，行的布白，篇的布白。和谐也有三种：黑的和谐，白的和谐，黑、白之间的和谐。特别是黑、白之间的和谐最重要。

【解说　音乐起】

儒道互补、刚柔相济是中国传统文化的基本内容。中国书法艺术是对阳刚之美和阴柔之美的追求。中国书法艺术把人的情感、自然的节奏、点画的形式熔为一炉。三者之中关键在情。自然节奏、点画运动都从属于表现情感。杰出的书法作品都是一个有生命的整体。书法的整体是在变化中求统一，单纯中见丰富。统一而无变化便成单调，变化而无统一则显杂乱。书法的整体美不仅指书写本身，还包括篆刻与装裱。

【采访　同期声】

书法与"性""道"相通。"性"是心灵，"道"是生命的运动。每一笔都是"活"的，富有"生命感"。

【解说　音乐起】

书法艺术是和哲学思想息息相关的，书法作品艺术水准的高低，是书家自身综合修养的体现，字的功力体现在字外。一个汉字里包含了笔画的长短粗细、字体的大小疏密、结构的俯仰向背、墨的浓淡燥润、风格的收放、章法的黑白虚实、笔画之间的连与断，这些使书法作品在矛盾中求统一，在相生相克之中求得统一与和谐，这就是易学的宗旨——"一阴一阳之谓道"。

第三十二集

易学与中国画

【字幕　淡入淡出】

莫把丹青等闲看，无声诗里诵千秋。

——明代杰出书画家　徐渭

【解说　音乐起】

中国画，起源于汉代，是汉族传统的绘画形式。

国画的题材分为人物、山水、花鸟三大类。古人之所以将国画分为三大类，来源于《周易》思想和古代的宇宙观，其代表了天、地、人三者合成宇宙的整体。

《周易》的观物取象，是国画的基础。观物取象，是指从具体事物的形象到观念中的形象，它是《周易》卦爻符号确立的过程。这种取象思维，要求画家以客观自然界为基础进行创作，表现自然之象。画家首先要观物写生，积累素材，在认识自然的本质基础上进行创作。

《周易》的三大原则是：简易、变易和不易。国画相对也有三要素：黑白、黑白变化、黑白的对立和统一。

简易，是指"易"把复杂多变的宇宙演绎归结简化为阴和阳，并用阴和阳作为法则去演绎复杂的宇宙、社会和人生的变化。国画是黑的墨和白的纸描绘万物。黑白之关系，上升到哲学层面也就是"易"中的阴阳关系。中国画发展到以文人为主体时，画家更加注重"简略"

"率意""水墨为上",而很少用颜色。

变易,是指自然的万事万物总是在变的。那么,面对同一对象,特别是在一幅画中要体现"变化"姿态,不可雷同。不同的画家会根据自己的理解和独特的视角画出不同的姿态。仁者见仁,智者见智,不同的感悟、不同的视角、不同的思维方式和不同的绘画手法,决定了描绘对象的不同。

【采访　同期声】

不易,是指永恒的自然法则不变。中国绘画中的黑与白、虚与实、疏与密、开与合、呼与应、静与动、刚与柔等,矛盾的双方对立统一,是国画永恒的规律,生生不息的阴阳的变化构成了中国画丰富的内涵。故"不易"是自然的规律,也是中国画的规律。

【解说　音乐起】

太极原理,是《周易》哲学理念的核心。太极生两仪——阴阳;两仪生四象——少阳、太阳、少阴、太阴;四象生八卦——乾、坤、震、艮、坎、离、兑、巽。而国画的生成和演变,也同样经历了从简到繁的过程。太极图是宇宙宏观的一种思维模式,之中有阴阳鱼,还有阴中有阳、阳中有阴的鱼眼。黑鱼为太阴,白眼为少阳;白鱼为太阳,黑眼为少阴。而国画有浓墨、空白和淡墨,墨分五色。这就是太极图中的太阴、少阳、太阳、少阴四象与中国绘画中黑、白、浓、淡的关系。

【采访　同期声】

国画与卦的关系极其密切。《周易》第二十二卦《贲》上九爻说:"白贲,无咎。"是说以素白色加以修饰,"白"是平淡素净之美,"贲"是装饰绘画。"白贲,无咎"就是指简单的颜色是美的最高境界。

【解说　音乐起】

《周易·杂卦传》说："贲，无色也。"其意是指无色之色才是绘画的极致境界。《周易》第三十卦《离》说："离，丽也。"是指附在事物上的东西是美的，这是易学对美的描述，强调了绘画的修饰功能。易学的阴阳思想，影响着绘画的虚实手法；易学对宇宙时空的探索，影响着绘画的空间意识；易学"神以明之"的理念，影响着国画注重神韵的观念。

【采访　同期声】

《周易》的本质是天地自然的写意，它直接影响了国画写意画的表达手法。总之，阴阳辩证思维是绘画艺术的灵魂所在。

【解说　音乐起】

国际易经学会主席成中英先生说："《周易》是生命的学问，宇宙的真理，文化的智慧，价值的源泉。"中国画历经数千年的沧桑巨变发展到今天，为什么艺术魅力依然光彩照人，使人觉得常画常新，常见常新？其根本原因就是有妙不可言的《周易》哲学智慧。中国画是在中国这块古老而神奇的土地上生长起来的艺术奇葩，蕴涵着中国人的信仰、感悟、审美和智慧的哲学思想。

结合易学的阴阳辩证思想对中国画进行分析，可以领悟到《周易》哲学智慧的普遍性。希望我们像美丽的中国画一样，更好地完善自己，生活得更美好。

第三十三集

易学与中国音乐

【字幕 淡入淡出】

《易经》毕竟是中华学术之母，是无穷创意的来源。

——著名易学家 刘君祖

【解说 音乐起】

人生需要智慧，也需要艺术。

中国的音乐，遵循着两个基本原则：一是五声相和，万物繁昌，律吕相谐，天、地、人相通，继天顺地，奉而成之；二是阴阳相和，乐乃可成，阴阳相错，而生变化，平和适听。由此看来，不仅中国古人的哲学智慧来源于《周易》，中国古人的音乐艺术也源于易学。

【采访 同期声】

中国音律，依据《周易》阴阳二气相反相成的朴素唯物辩证观点，构建五声、十二律相生相谐序列，从而显示出中国古代音乐美学的特色，成为中华民族文化宝库的奇珍异宝，也为世界文化的发展做出了积极的贡献。

【解说 音乐起】

中国音律以五声音阶为主流。《汉书·律历志》记载："五声之本，生于黄钟之律。九寸为宫，或损或益，以定商、角、徵、羽。九六相生，阴阳之应。"说明宫声以律管九寸为基础，而商、角、徵、羽都以九、六为基数，与《周易》的九为阳，六为阴，阴阳二气相应。这充分说明，中国音乐的产生贯穿着易学的精神，也就是说《周易》就是中国音律的理论依据。在形容某些不会唱歌的人时，我们常常会说他"五音不全"。这个"五音"，就是指"宫、商、角、徵、羽"五声基本音级。中国古代的音符按五行属性，由宫、商、角、徵、羽五声基本音级组成，简称五音。五音按照辞书上的解释，是现代简谱上的1、2、3、5、6。五声音阶的出现有着久远的历史，后来古代音乐家随着"变徵"（4）、"变宫"（7）的出现，逐步发展到了7个音节。

【采访　同期声】

《周易》的阴阳配以五行，而五音同样也配五行。"木、火、土、金、水"，其相互关系是：木生火、火生土、土生金、金生水、水生木。"五音"配五行：角配木、徵配火、宫配土、商配金、羽配水。那么演奏时，它们便不是五行相生的顺序，而是逆五行之序而传的，顺逆两者相辅相成、错综变化，衍生出不同的曲牌和曲调。

【解说　音乐起】

五行木、火、土、金、水，从水润下，火炎上，木曲直，金从革，土爱稼穑，揭示了中国古代朴素的哲学观。五音在使用中，便有了金音意境萧杀，火音意境躁动，水音意境曲柔，木音意境生发，土音意境平和等不同表现，这就决定了五音的起伏顿挫、意境各异。

【采访　同期声】

《周易·易传》中的"同声相应，同气相求"，是与音乐的基本理论相关联的。借鉴六十四卦中的十二节气卦，即六个消卦——姤卦、遁卦、否卦、观卦、剥卦、坤卦，表示阴气渐消；六个息卦——复卦、临卦、泰卦、夬卦、大壮卦、乾卦，表示阳气渐盛。

【解说 音乐起】

《吕氏春秋·音律篇》说，由一年十二节气来制定十二个音律。十二音律依次为黄钟、大吕、太簇、夹钟、姑洗、仲吕、蕤宾、林钟、夷则、南吕、无射、应钟。十二音又分奇数六律为阳律，而偶数六律为阴律，一般分别称为六律、六吕。阳称律，阴称吕。

中国音乐讲究的"五声相和""律吕相谐""阴阳相错""平和适听"都是将易学思想贯穿始终的。"五声相合"是指"宫、商、角、徵、羽"的合理搭配，依附于五行的有机组合；"律吕相谐"是指"六律、六吕"的谐和呼应、易卦六爻的位置和作用；"阴阳相错"是指高、低、强、弱的音律变化，仍然是易学中阴阳的消长之理；"平和适听"是指音乐的和美悠扬、意境宜人，体现了《周易》和谐平衡、天人合一的思想。

《周易》，作为一部千古奇书，它义广涵深，有如宏博的宝藏和丰富的乐理文思。我们不仅能从中找到深刻的渊源，也能追寻到先民审美意趣的积淀。它对音乐的形成发展产生了极大的影响，为推动人类音乐事业的发展做出了杰出的贡献。

第三十四集

易学与中国舞蹈

【字幕　淡入淡出】

舞蹈跳的就是文化。

——舞蹈家　王永刚

【解说　音乐起】

中国舞蹈，是典型的"画圆艺术"。

"圆"，贯穿于舞蹈形体活动的始终。其主要是"三圆""两圈"，即"平圆""立圆""八字圆"和"大圈套小圈"，其他如体态上的拧倾、扭旋、折曲转亦属于"圆"的动律范围，也就是说"万变不离其圆"。

中国舞蹈艺术，如同世界上任何一种艺术现象一样，都是从本民族的文化中寻找产生根源的。分析中国舞蹈"圆"的形成，必然要将它与本民族的文化联系起来。中国舞蹈与易学有着深厚的渊源，《周易》阐述的是宇宙万物阴阳、刚柔、正反、动静、开合等对立双方此消彼长、生生不息、循环往复的形态。

【采访　同期声】

《周易》的这种哲学思想，还通过圆形的太极阴阳图体现出来，将对立的力量聚集于大圆圈之内。宇宙自然与人体运动中的动静、刚柔、虚实、进退、起伏，也都蕴含在其原理之中。

【解说 音乐起】

《周易》是中国哲学思想的集中体现，以图寓易的太极图最为典型，它外圆内转的特征，体现着回旋、均衡的运动模式以及与自然宇宙的融合。《周易》的哲学理念，反映在古典舞蹈的实践中，即舞蹈的构形作为天地，手势、动态喻义乾坤，俯仰周旋象征宇宙转动不息，等等，这些都证明了舞蹈表现中的一些观念意识。

八卦图，用圆来表示宇宙自然的周而复始。中国古典舞蹈讲究"圆"，用于表现天道。中国舞蹈在其形体上形成的"拧、倾、圆、曲"中，"圆"是最重要的。"圆"产生无限循环，从而衍生出广穹的宇宙以及自然万物，自然万物的新陈代谢终始相因，如此周而复始，生生不息。因而，中国古典舞蹈秉承了这一民族思想和审美原则，也最集中地体现了中国人的哲学思想。"太极文化"的审美功能对中国古典舞蹈的形态，构成了至关重要的本体作用。换句话说，中国古典舞蹈实际上是"太极文化"的组成部分。宇宙是一个球体，呈现为自始至终的"圆"运动，"圆"之动因在于"气"的流变，这流变之"气"结构了运动之"力"，而这"力"恰好来自阴阳的反复；阴阳互根、相反相成，周而复始构成宇宙之态。而中国古典舞蹈与"太极"一样，构成原理的本能，就来源于这种宇宙思维的阴阳观念。

【采访 同期声】

圆中生万变，万变不离圆，舞蹈艺术在舞姿造型、动作规律、节奏处理和流动路线上，都与圆有着千丝万缕的内外联系。也正是"圆"的存在，才产生无穷无尽、千变万化的创作原动力，给人留下生生不息、循环往复的"圆"的美感。

【解说　音乐起】

中国舞蹈的"圆"文化，表现了以"圆"为核心的审美特征。中国的舞蹈形态，从战国的女乐舞蹈到汉代的巾袖之舞，从唐代敦煌壁画中的舞姿到明清戏曲舞蹈的身段，乃至从当今的广场民间舞到舞台舞蹈，我们都可以看到这种回旋圆融的运动痕迹。

【采访　同期声】

先天八卦乾、坤、震、巽、坎、离、艮、兑，相叠组成六十四卦，对应宇宙自然和万事万物。著名舞蹈理论家于平先生对应《周易》八卦卦象，归纳出中国古典舞蹈的"八卦体态"，如以头为乾天，要求有顶悬之象；以下肢为坤地，顺应乾天而生成万物；以小腹为坎水；以胸为离火；以臀为震雷；以背项为艮山；以足为巽风；以肩为兑泽，这些基本舞蹈体态蕴含着易学阴阳互变思想和传统的审美观念。

【解说　音乐起】

中华历史文化悠久，在五千年的文化长河中，不同时期的社会形态孕育了不同表现形式的舞蹈艺术，而不同表现形式的舞蹈艺术中蕴含着中国悠久的文化内涵。在时间长河的检验下，能留下来并被称为经典的中国舞蹈艺术，并不是因为舞台画面有多美，情节有多跌宕起伏，而是其与社会息息相关，且具有深刻的文化内涵，这样才能被后人津津乐道，发扬光大。

第三十五集

易学与汉字（上）

【字幕　淡入淡出】

汉字不仅是记录汉语的文字符号，而且是负载着古代科学知识和文化观念的全息标志。

——学者　萧启宏

【解说　音乐起】

汉字，是世界三大古文字中唯一流传下来的，结构最复杂独特的方块字。汉字之所以能弥久长新，是因为它不仅仅是单纯的文字符号，还蕴含着我们中华民族古老而深刻的智慧和丰富的人生哲理。世人透过汉字的外像，可以领悟到中华优秀传统文化的思维模式。汉字，相传是起源于中华六七千年前伏羲八卦创造的符号文字，所以它是按照易学原理创造的，是易学智慧传承文化信息的实例典范。

上古神话时代的氏族领袖伏羲，生于甘肃天水三阳川，建都河南淮阳。他仰观天象，俯察地理，远察诸物，近取诸身，画八卦，造书契，开创了中华文明的源头。20世纪70年代考古发现，伏羲故乡天水附近的"大地湾文化遗址"出土的陶瓷中，分别烧制着二十几种文字符号。这些符号与现代汉字的偏旁部首及构件相似，所以后人认为汉字与八卦同源。

【采访　同期声】

历代古圣先贤造字，其原理无不是来源于易理的启发和智慧，无不包含着天、地、人的易道玄机。

【解说　音乐起】

从战国时期开始，广泛流传"仓颉造字"的说法。传说黄帝史官仓颉，曾把流传于先民中的文字加以搜集、整理和使用。他最早受到猎人用野兽踩在泥土中的足印来辨认野兽的启示，费尽苦心，对天上的星辰、地上的山川、鸟兽虫鱼的痕迹、草木器具的形状进行象形刻画。久而久之，这些符号就形成了文字。而汉字的笔画都是以阳（—）、阴（－－）为基本笔画，就是说汉字是在这些基本线条的基础上变化、变易而逐步形成的。

【采访　同期声】

按照易学"天人合一"哲学观来解析：汉字是天、地、人合一的产物。

【解说　音乐起】

汉字以心理学、易学、音律和古文化等多层面的内涵和学问为基础，以具有象形文字的想象力和创造性的思维模式为主导。每个方块汉字都储存着易理的灵气和信息。汉字有着丰富的想象力和独特的魅力。世界上的文字繁多，唯有中国汉字内涵丰富，是充满灵气的神奇文字。我们深层次地剖析，就能领悟到每个汉字皆蕴含着深厚的易理与天、地、人的易道玄机。

【采访　同期声】

每个方块汉字都可以从中挖掘出一定的哲理。如"众"字，三人为众;"森"字,木多为森;"甭"字是"不用"二字的组合;"孬"字是"不好"二字的组合;"歪"字是"不正"二字的组合;"男"字是"田力"二字的组合,寓意为田间的劳动力;"王"字由三横一竖组合,三笔横画寓意是天、地、人,一竖画为合一;等等。

【解说 音乐起】

这些具有神奇魅力的文字,无不象征着大自然与人类有着"天人合一"的和谐共存的自然规律和大道之理。再如,用"木"字作偏旁的文字,大多代表与树木有关联,如树、松、槐、榆、榕、桦、柏等;用三点水作偏旁的文字,大多代表与水有关联,如河、溪、江、海、湖、波、涛、清、浪等。又如用"手"字作偏旁的文字,大多与人手的动作有关联,如提、抬、拖、拽、拉、抱、捧等。这些富有哲理性的文字,无不给人以启示和想象,无不源于自然,源于与易理智慧的结合。

第三十六集

易学与汉字（下）

【字幕　淡入淡出】

书要兼备阴阳二气。大凡沉着屈郁，阴也；奇拔豪达，阳也。

——清代书法理论家　刘熙载

【解说　音乐起】

众所周知，在世界文明古国中，中美洲有玛雅文字，古埃及有圣书文字，古代西亚有楔形文字。然而，只有中国的汉字以独特的魅力和旺盛的生命力，历经几千年沧桑而经久不衰，而其他古文字已先后泯灭。之所以如此，与中华民族取之不尽、用之不竭的文化宝库易学密不可分。

【采访　同期声】

东汉许慎在《说文解字》中说："古者庖牺氏之王天下也，仰则观象于天，俯则观法于地，视鸟兽之文，与地之宜，近取诸身，远取诸物，于是始作《易》八卦，以垂宪象。"

【解说　音乐起】

"及神农氏结绳为治而统其事，庶业其繁，饰伪萌生。黄帝之史仓颉，见鸟兽蹄迒之迹，知分理可相别异也，初造书契。"此说把汉字的起源归结为三个方面：一是庖牺氏观象成易；二是神农结绳记事；三是黄帝之史官仓颉观象而造书契。

【采访 同期声】

我国最古老的象形文字源自八卦。《周易·系辞传》曰："上古结绳而治。后世圣人易之以书契，百官以治，万民以察，盖取诸《夬》。"意思是说，上古结绳记事以治理天下，后世圣人改以锲刻，百官借以治理政事，万民借以稽查国事，这大概取象于《夬》卦。

【解说 音乐起】

上古的结绳，开始用自然界的藤蔓，然后用动物的皮割成条，最后才是用草或其他植物，比如用麻进行纺绳搓绳。夬，就是决断的意思。孔子所说的"结绳以治"，意思是用结绳的方法进行治理，大事打一大结，小事打一小结，相连的事打一连环结。最早的结绳记事，用阳（—）表示单数，用阴（--）表示双数，到逐渐将几个阴阳符号合在一起表示更多的数目，从而又表示各种复杂的事物。在甘肃天水的伏羲庙里，有"一画开天"的巨幅画，据说这就是六七千年前伏羲画卦的地方。《道德经》说："道生一，一生二，二生三，三生万物。"所谓一，是指天地万物形成之前的一种混沌未分的状态。由一生二，即产生天地阴阳。天地阴阳交合而生三，即产生万物。这样，"道"便成为万物所生的本体或本原，万物都统一于道。

《说文解字》第一篇也写道："惟初太极，道立于一，造分天地，化成万物。"强调没有"一"也就没有万物。以现代科学家的大爆炸理论，那个"奇点"就是"一"，没有那个"奇点爆炸"就没有世界。生命，也是由"一"开始，如"单细胞生物"是由一个细胞构成的"原生动物"，它是一切生命的开始。

【采访　同期声】

八卦就是自然物的象征体，如乾，是天的符号；坤，是地的符号；兑，是泽的符号；离，是火的符号；震，是雷的符号；坎，是水的符号；巽，是风的符号；艮，是山的符号。这是八卦的物象，也是最早的表示这八种事物的"文字"，是古代先民生产、生活、记事、记物、记数和认知的方法，我们也可认为这八种事物是最原始的文字雏形。

【解说　音乐起】

我们现在使用的许多文字，还保留从卦象中来的明显的痕迹。如由卦象转字形的甲骨文象形文字"水"与"火"，就是由《坎》卦、《离》卦的卦象演变而来；由卦象通意的甲骨文会意字"困"，就是由《困》卦所表达的意境而来的。《困》卦，上卦为兑为泽；下卦为坎为水；中间有《巽》卦，巽为木。这个卦象，其意为困，就是木被洪水团团围住。再如《泰》卦的"泰"字，上为坤为地，下为乾为天，表示天地交汇，万物生成，泰然平安。这就是《泰》卦之象与文字之理相互贯通的寓意。《否》卦也如此，《否》卦上卦为乾为天，下卦为坤为地，天往上行，地往下走，天地不交，阴阳不融合。无交则无变，无变则无通，无通则无久。"否"是由"不"和"口"组成，表示不说话，不互通有无，所以为"否"。

第三十七集

民俗文化中的易学思想

【字幕 淡入淡出】

中国人的理论思维水平,在同西方的哲学接触以前,主要是通过对《周易》的研究,得到锻炼和提高的。

——易学大师 朱伯崑

【解说 音乐起】

《易》是中华文化的源头,中国民俗文化从某种程度来说是易学文化的折射。春节,作为中国的民俗节日,已经有四千多年的历史。它的诞生和延续,对中华民族来说,无疑是一种民俗文化的集中代表和体现。正如中国的民俗学家钟敬文所指出的,民间的某些节日,是民族现在成员与伟大的祖国和先民创造的文化联系起来的纽带。它是一种不可缺少的民族凝聚力。民俗学作为中华民族的一种文化,自然与"大道之源"的《周易》分不开。春节的第一天叫"初一",《周易》第一卦《乾》的卦辞:"元、亨、利、贞。"元代表开始,亨是亨通,利为吉利,贞是正。就是说初一作为新的一年的开始,意味着希望,意味着一个好的结果正在等待。

【采访 同期声】

一年的第一个月叫"正月",正月有"三阳开泰"的说法,源自

《周易》第十一卦《泰》，其上卦为坤为地，下卦为乾为天，地在上天在下，地之阴气下沉，天之阳气上升，天地相交，使阴阳交泰。"泰"，指的就是阴阳平衡，顺畅沟通，吉利亨达。《周易》认为冬至在农历十一月，是"一阳生"，十二月是"二阳生"，正月则是"三阳开泰"。此时冬去春来，万物复苏，"开泰"则表示吉祥亨通。

【解说　音乐起】

中华传统节日源远流长，民间几乎月月有节，延续了几千年。民间较大的节日有：春节、元宵节、清明节、端午节、中秋节、重阳节、腊八节、除夕等。九九重阳节，出现了两个"九"的阳数，就是来自《周易》。

【采访　同期声】

还有好多一般的节日：立春节、五月节、入三伏、立冬日、冬至日。也有许多具有地方特色的节日和少数民族的节日，如神话传说的七夕节、天穿节（女娲生日）等。传统节日祭祀、纪念的对象基本上有三类：神灵、先人和贤人。神灵，古人先是由对自然的崇拜而后向神的崇拜转化。岁时、节气的节日与先人、贤人的偶像崇拜、神话传说的节日融合。节日的主要内容是吃喝玩乐、亲友欢聚、礼尚往来等。

【解说　音乐起】

民俗是一种特殊的文化现象，多元文化造就多彩的民俗。民俗是一种活的潜文化，常常以潜意识的形态体现在社会之中。《周易》中的四象大致可分为三类，即对自然的观测、对生活的反映和对历史的记载。

【采访　同期声】

《周易·文言传》："积善之家，必有余庆；积不善之家，必有余殃。"古人这种弃恶扬善的观念对于个人的修养和家庭及社会的稳定起到了积极的作用。《周易·恒》卦九三爻辞："不恒其德，或承之羞，贞吝。"意思是说，人们不能恒久保持美德而感到羞愧，使以道德律人成为社会的一种共识。

【解说　音乐起】

民俗文化是一种社会现象，是人们在长期生活中创造形成的产物。古语说，"百里不同风，千里不同俗"，它表现的既是一种社会意识形态，又是一种历史悠久的文化遗产。民俗是中国人的精神支柱，民俗面向未来，是朝前看的，"生生之谓易"，人活着总是充满着希望。《周易》体现着中华民族最深邃的生存智慧，孕育了古代的民俗文化，而民俗文化则是《周易》传统文化赖以生存的沃土。

第三十八集

《周易》的孝道思想

【字幕　淡入淡出】

中华民族自古以来就重视家庭、重视亲情。家和万事兴、天伦之乐、尊老爱幼、贤妻良母、相夫教子、勤俭持家等，都体现了中国人的这种观念。

——习近平在2015年春节团拜会上的讲话

【解说　音乐起】

《孝经》是儒家的重要经典，是对先秦时期孝道文化的总结和升华。孝道文化是中华传统文化体系中的瑰宝，《孝经》蕴含着儒家哲学、伦理学、政治学的因素，而这些因素的主要来源就是《周易》。

【采访　同期声】

"孝"是儒家伦理道德的核心内容之一。何为"孝"？孝就是指儿女的行为不应该违背父母、家中的长辈及先人的心意，是一种稳定伦常关系的表现。"孝"的基本表现是孝顺、孝敬等，是指为了回报父母的养育之恩，而遵从父母的指点和意愿。历代儒学之士都宣扬孝道，而封建统治者也利用"孝道"来教化百姓。在古代民间曾产生和流传着"二十四孝"，向广大民众宣传孝行，希望人们以此齐家。

【解说 音乐起】

孝道文化是以家庭为基础培育起来的涉及千家万户的传统观念，于家于国都有着深远的影响。在《周易·家人》卦中已提出"正家而天下定"的主张。《周易·象传》说："风自火出。"《家人》卦之象，下卦为离为火，上卦为巽为风，故风自火出，喻家中兴旺之象。

【采访 同期声】

《周易·象传》说，家人相处，女人正位在内，男人正位在外。男女各正其位，这是天地之大义也。家中有尊严的君主，这就是父母。做父亲的尽父道，做儿子的尽孝道，做兄长的像兄长，做弟弟的像弟弟，做丈夫的尽夫道，做妻子的尽妇道，因而家道兴盛。家道正则天下安定。这是把自然与人事、自然秩序与社会秩序连接为一体，使整个世界成为由天地、万物、男女、夫妇、父子、君臣组成的不同等级的多个系列。自然秩序反映天道，而天地生养万物，社会秩序则反映民之故，以尽君臣、夫妻、父子、兄弟、朋友之人伦之道。

【解说 音乐起】

《周易》的"天人合一"思想，是"孝道"理论的哲学基础。"天人合一"思想是《周易》的最高境界，这个概念由北宋易学家张载明确提出，它对于构建人与自然、人与社会的和谐关系有着重要的意义。

"天人合一"思想，还有一个重要的特点，就是充分肯定人与天的区别，肯定人的主体性。人是认识的主体，天是认识的客体。

【采访 同期声】

《孝经》是儒家十三经之一，是孔子"七十子之徒之遗言"，成书于秦汉之际。《圣治章》是《孝经》中文字最多的一篇，曾子曰："敢问圣人之德，无以加于孝乎?"子曰："天地之性，人为贵。人之行，莫大于孝……父子之道，天性也。"是说孝道就是天道，孝道出自人的本性，而人的本性正是天道在人身上的体现。

【解说　音乐起】

《周易》认为，天、地、人构成了客观世界，人作为认识的主体所涉及的一切问题都包含在这些关系之中。《周易·象传》曰："天地感而万物化生。"天地万物生生不息，生是宇宙的基本法则，而人是自然的一部分，天地的神圣之德表现在人之道上。

【采访　同期声】

《周易·文言传》曰："与天地合其德，与日月合其明。"就是人类效法天地的过程。《周易》为《孝经》的孝道思想提供了人性论的依据，《汉书·艺文志》曰："夫孝，天之经，地之义，民之行也……故曰《孝经》。"《孝经》细化了《周易》，将天地秩序转化为社会和家庭秩序，说明了孝道不仅合乎天地之性，而且合乎人性。

【解说　音乐起】

习近平总书记在2015年春节团拜会上的讲话，对家庭文化作了精辟的分析和高度评价，他说："中华民族自古以来就重视家庭、重视亲情……家庭是社会的基本细胞，是人生的第一所学校。不论时代发生多大变化，不论生活格局发生多大变化，我们都要重视家庭建设，注重家庭、注重家教、注重家风，紧密结合培育和弘扬社会主义核心价值观，发扬光大中华民族传统家庭美德，促进家庭和睦，促进亲人相亲相爱，促进下一代健康成长，促进老年人老有所养，使千千万万个家庭成为国家发展、民族进步、社会和谐的重要基点。"由此可见，孝道是中华传统文化重要的美德，孝道文化对于培养人们的责任意识、感恩思想和爱国情怀，都有着十分重要的作用。

第三十九集

《周易》与四季养生

【字幕　淡入淡出】

易理对中医理念的影响，我把它概括为八个字，即阴阳平衡、五行和谐，这就是中医的理念。所谓理念，即观念，是中医理论的最高概括，其中阴阳平衡，是万事万物运动协调的准则。

——著名中医学家、易学家　杨力

【解说　音乐起】

养生，是当下人们谈论的热门话题，"养生"一词，源于《庄子·养生主》，指的是根据生命发展规律，采取能够保养身体、减少疾病、增进健康、延年益寿的手段而进行的保健活动。我国最早的养生理论来自《黄帝内经》，而《黄帝内经》的养生理论却来源于《易经》。《易经》蕴含着丰富的养生理论，四季养生是中华民族传统养生文化的精髓。

【采访　同期声】

《周易·文言传》说："夫'大人'者，与天地合其德，与日月合其明，与四时合其序，与鬼神合其吉凶。"《周易》中的养生天时正是顺乎自然，就是顺从一年四季的气候变化，使人的身体与自然环境相协调。《黄帝内经·素问·四季调神大论》就提醒人们须顺应春温、夏热、秋凉、冬寒的一年"四气"变化特点来调摄精神，达到养生保健和防病治病的目的。《周易·革》卦强调"顺乎天而应乎人"，顺乎天就是顺乎自然，应于人就是合乎民心，也就是顺应四时阴阳养生。

【解说　音乐起】

《周易·说卦传》认为"震"为东方之卦，象征春天。《黄帝内经·素问·四季调神大论》认为，春季阳气上升，渐渐向外发散，生育万物叫"发陈"。春季养生法则，要早卧早起，"广步于庭"，把冬日在身体积蓄的潜能发散出来，增加户外活动，有利于血液循环。中医认为"春宜柔"，不要过早减掉冬衣。五行养生"谨和五味"，指食物的酸、苦、甘、辛、咸五种味道要调和。肝属木，春季在五行中属木。人体生发靠的是肝气，春季养生，身体要增加阳气，以顺应天时，重在养肝补脾。春天的阳气向外散发，身体的皮肤也开始舒张，风寒比较容易入侵。这时就要泄泄肝火，敲敲三焦经。背部刮痧可以祛寒气。

【采访　同期声】

《周易·说卦传》认为"离"为南方之卦，象征夏天。夏季又分为孟夏、仲夏、季夏。《黄帝内经·素问·四气调神大论》认为，夏季三月，指物生以长，故繁茂而华秀。夏季阴气微上，阳气微下，要夜卧早起，缓和阳气。夏季气温显著升高，人体的新陈代谢加快，人们应保持旺盛的精神，使体内的阳气宣发于外，与其阳盛的环境相适应，以免损伤心气，这就是夏天的养生之道。立夏以后，天黑得晚，亮得早，应适当午休补充睡眠。夏季高温逼人，令人烦躁不安。因此夏季调神情志应以"静"养心，保持心情舒畅。夏季饮食要以清淡为主，为增强免疫力，补充维生素、矿物质，就要多吃新鲜瓜果、蔬菜。

【解说　音乐起】

秋季，《周易·说卦传》认为"兑"为西方之卦，象征秋天。《黄帝内经·素问·四气调神大论》认为，秋季三个月叫"容平"，自然景象因为万物成熟而平定收敛。此时天高风急，地气清萧。处于这种自然气候，人们要早睡早起，同鸡的活动时间相仿，才能保持神志的安宁。同时还要收敛神气而勿外漏，从而使肺气清萧，这一做法适应于秋季养生。秋季饮食养生，要重清淡，避免油腻，多吃富含维生素的食物。秋天气候干燥，饮食应以滋阴润肺、防燥护阴为主。秋高气爽，应外出游山玩水，适宜进行跑步、登山等运动，增加活动量。秋季人体的阳气开始收敛，要做到使情志与"秋收"之气相适应。精神上做到养收，保持神志安宁。

【采访　同期声】

冬季，《周易·说卦传》认为"坎"为北方之卦，象征冬天，"万物之所归也"。《黄帝内经·素问·四气调神大论》认为，冬季的三个月是生机潜伏、万物蛰藏的时令，此时天寒地冻，人们要早睡晚起，以待日光。要保养精神，避免受寒，这就是冬季养生之道。冬季饮食调养要养阴，宜食用热量较高的食物。冬至之后阴气开始消退，阳气复萌，有道是"冬季进补，开春打虎""补在'三九'"，此时要注意进补。同时冬季是肾主令之时，要补元气，要多吃黑色食物。人们在调摄精神方面，要敛阴护阳，做到养精蓄锐。冬季寒冷使人血液循环变慢，心脏、脑部容易供血不足，所以要加强锻炼，合理饮食，经常晒太阳。

【解说　音乐起】

顺应自然，四时顺养，达到人与自然的和谐共生，正是《周易》的人体观在我国古代自然哲学的基础上，所追求的"天人合一"的最高境界。

第四十集

《周易》与二十四节气

【字幕　淡入淡出】

中国是世界上最早使用历法的国家之一，农历二十四节气就是中国古代劳动人民总结的天文气象历法。

【解说　音乐起】

2016 年 11 月 30 日，联合国教科文组织保护非物质文化遗产政府间委员会第十一届常委会经过评审正式通过决议，将中国申报的"二十四节气"，列入联合国教科文组织人类非物质文化遗产代表作名录。二十四节气被誉为世界气象界的"中国第五大发明"。

《周易》是中华最古老的文化典籍，是中国传统思想文化中自然哲学与人文实践的理论根源。八卦最早的主要用途是应用于历法，故《周易》六十四卦与二十四节气有着密切的联系。

【采访　同期声】

据《史记·历书》记载："黄帝考定星历，建立五行，起消息，正闰馀。"我国古代曾经使用《周易》来推算年、月、节令。古代历法将两个冬至之间的周期称为"岁"，即一年。将"岁"分为二十四个等份，即二十四节气。每一节气大约三十天，相当于一个月，其中"节"和"气"，各占十五天。"起消息"就是指的《周易》中的十二个消息卦。

【解说　音乐起】

"春雨惊春清谷天，夏满芒夏暑相连，秋处露秋寒霜降，冬雪雪冬小大寒。"二十四节气被誉为"中国的第五大发明"，是古代先贤通过观察太阳周年运动，认知一年中的时令、气候、物候等方面的变化规律，所形成的知识体系和社会实践，对指导传统农业和日常生活起着重要的作用。其根据地球绕太阳的黄道而分，故称为阳历，一节一气为一月。

汉代用《周易》卦气为二十四节气变化建立起一套符号模式，从六十四卦中抽取十二卦，来表示一年节气的变化，其代表人物是西汉经学家孟喜。十二消息卦也称十二月卦、十二候卦。消者，即消退；息者，即成长，万物此消彼长，总是在变化之中。

【采访　同期声】

十二消息卦分为两组，一组是阳爻由下而上：表示阳气渐盛之卦，称为息卦，如《复》《临》《泰》《夬》《大壮》《乾》卦。另一组是阴爻由下而上，表示阴气渐消之卦，称为消卦，如《姤》《遁》《否》《观》《剥》《坤》卦。从《复》卦至《乾》卦，阳爻逐渐增加，阴爻逐渐减少，表示阳气逐渐增强，为阳息阴消。从《姤》卦至《坤》卦，阴爻逐渐增加，阳爻逐渐减少，表示阴气逐渐增强，为阴息阳消。十二消息卦配十二月及阴阳四时等，以明消长之机。

【解说　音乐起】

《复》卦，子月，农历十一月，节气大雪、冬至。这一天是日影最长的一天，也是日照最短、黑夜最长的一天。《复》卦叫一日来复，刚才还是《坤》卦，六个爻全部是阴爻，现在最下面原来的一阴爻变成了阳爻，变成了《复》卦。

《临》卦，丑月，农历十二月，节气是小寒、大寒。"临"，就是临界点。从十二月看，有两个临界点，从季节上看，冬去春来是一个临界点；另一个临界点，十二月过后是正月，是今、明两年的临界点。《临》卦下面是两个阳爻，虽然是十二月，然而春已悄悄来临。

【采访　同期声】

《泰》卦，寅月，农历正月，节气是雨水、立春。《泰》卦天在下，地在上，地往下走，天往上来；《泰》卦上面是三个阴爻，下面是三个阳爻，此时地球已全部充满了阳能。三阳开泰，是指人身上的脉络太阳经"开窍"。这个泰就是通畅，立春了。

《大壮》卦，卯月，农历二月，节气是春分、惊蛰。阳气又上升了，《大壮》卦上面是《震》卦，代表雷，下面是《乾》卦，代表天。春雷一声震天响，惊蛰，万物复苏。

【解说　音乐起】

《夬》卦，辰月，农历三月，节气清明、谷雨。阳气继续上升，阳气息，阴气消，实际上有"决定"或"抉择"之意。此时阳已上升到五爻，阳气最充足。这时候，该消的也消了，该做出抉择了，天地间充满新生。《乾》卦，巳月，农历四月，节气是立夏、小满。《乾》卦六个爻全部是阳爻，《乾》卦是立夏的季节，四月的天气特别燥热。此时阳气已达到了饱和点，阳气也到了极限，物极必反，阳极则阴生。

【采访　同期声】

《姤》卦，午月，农历五月，节气是芒种、夏至。在原来的纯阳卦中，从最下面的一阳爻又变成了阴爻，湿气在内部开始发生了，阳在消，阴在息。夏至这一天，日影最短。夏至是最盛开始回落的转折点，夏至日照最长。

《遁》卦，未月，农历六月，节气是小暑、大暑。遁，就是隐遁，隐蔽起来，逃遁。《遁》卦下面有两个阴爻，说明暗中已有凋零的意味。此时麦子已收割，象征一半生发的季节已过，另一些农作物还得以生长。

【解说　音乐起】

《否》卦，申月，农历七月，节气是立秋、处暑。此时天气开始明显转变，到了下半月，夏天将全部结束，秋收开始，天气转凉。此时是立秋之时，秋风扫落叶，花就要开始凋谢了。《观》卦，酉月，农历八月，节气是秋分、白露。阴气又在上升，该卦的阴爻已经到了四个，《观》卦上卦为巽，是风，下卦为坤，是地，深秋之风，满地落叶，阳已快要走到尽头了，天地呈现肃杀之气。但八月十五的圆月明亮，则是合家团圆的好时节。

【采访　同期声】

《剥》卦，戌月，农历九月，节气是霜降、寒露。《剥》卦上卦是艮，为山，下卦是坤，为地，为山上之土剥落于地。此时，阴气再上，剥得干干净净，霜也来了，露也来了，把阳气剥得剩下最后一点点。《坤》卦，亥月，农历十月，节气是立冬、小雪。《坤》卦六个爻全部为阴爻，天地之间的放射能，此时已全部吸收、入地，但阴极阳生，十月立冬后，必有小阳春，有一两天的东南风。

【解说　音乐起】

二十四节气是中国古代劳动人民智慧的结晶。用《周易》卦气建立的二十四节气变化的模式，说明了自然界气候变化的各种现象。这种模式对于二十四节气在内的各种天文、气象等自然现象获取感性知识的系统化、体系化都是有一定贡献的。

第四十一集

太极拳与易学

【字幕　淡入淡出】

太极拳非纯功于《易经》之理不能得也。

——太极拳大师　吴图南

【解说　音乐起】

太极拳作为我国著名的内家功夫拳，承载了中华民族传统文化的精髓。"太极"一词，源自《周易·系辞上》"易有太极，是生两仪"。

太极是《周易》的基本概念，《周易》是以阴阳对立统一描述世间万事万物的变化规律的，表现了中国古典文化的哲学思想和宇宙观。而太极拳则吸取了《周易》阴阳辩证的观念，运用了自先秦以来三千年哲学发展的一个成果，这就是太极哲理。

相传，五代宋初著名道士陈抟发现了对后世影响极大的"太极图"。其内涵为阴阳交互，动静相倚，阴中有阳，阳中有阴，妙趣自然。这一哲学理念渗入武术及养生文化，从而产生了太极拳。

【采访　同期声】

关于太极拳的起源和创始人，众说纷纭，有说是唐朝的徐宣平，有说是宋朝的张三丰，也有说是明末清初的陈王廷，还有说是清朝的王宗岳。而比较普遍的说法，是明末清初的陈王廷。

【解说 音乐起】

相传明洪武五年（1372），山西泽州（晋城）人陈卜，带领族人移居河南温县常阳村，即现在的陈家沟村，太极拳第九世祖陈王廷依据祖传之术，博采各家拳法，根据大量史料分析研究，参考中医经略学说及导引吐纳之术，创编了陈氏太极拳。其老驾路五套，又增新驾路二套，共有七套路。又据此理创编了刀、枪、剑、棍、铜等武术器械套路。这些套路根据太极之理，由无极至太极，由无相而生有相，由静而动，形成了太极拳的雏形，并世代相传。

【采访 同期声】

太极拳所体现的太极理论，是中国古代哲学的一个具有重大价值的思想成果。著名太极拳家王宗岳的《太极拳论》，汲取了宋代周敦颐《太极图说》的思想，以太极理论阐述拳理之精要。数百年来，《太极拳论》对太极拳的发展产生了巨大的影响和推动作用。

【解说 音乐起】

根据太极的"无极生太极"的基本理论，体现在太极拳上便是静。太极拳起势，端然恭立，心静神宁，两手下垂，身体端正，两足并齐，抱元守一，浑然无物之中始孕着阴阳变化。太极拳动作的基本特征是圆。绵绵不断地画圈，大圈小圈地变化，螺旋缠丝，无始无终。贯穿太极拳理论始终的是阴阳变化。其中的动静、刚柔、内外、进退、开合都是阴阳变化之表现，体现了阴阳互为其根的太极理论。正如高人所说，拳架谓太极拳之毛，推手谓太极拳之皮，技击谓太极拳之肉，神意气谓太极拳之骨，先天真意谓太极拳之髓。

【采访 同期声】

太极拳又叫"水拳"，水虽柔弱，然滴水穿石；水虽无形，却可冲毁坚固的堤坝。这就是弱之胜强、柔之胜刚之理。太极拳讲究中正安舒、无过不及、随曲就伸、舍己从人等中庸之道，主张凡事折中而行，不可偏激，体现了我国古典哲学思想。

【解说　音乐起】

太极拳，以意领气、以气运身，意为令、气为旗、神为主帅、身为驱使等练法，要求意气形神统一。

太极拳主张后发制人，不提倡主动出击。应用粘黏连随、舍己从人、引进落空等方法来克敌制胜。"彼不动，我不动，彼微动，我先动，后发先至。"说到底，太极拳的上乘功夫是练太极心法，这是一个从无到有、自有而无、无中生有、有复还无、无为入道的修炼过程。

【采访　同期声】

易理在太极拳中得到全面的体现，太极拳修炼的修心、养身、悟道、演拳，内练"精神意气功"，外练"手眼身法步"，无不含有五行八卦之理。五行金木水火土在内对应人体的肝心脾肺肾。在外表现为五行五步，即金步为右盼，木步为左顾，水步为进步，火步为退步，土步为中定，称外五行。而内外五行，都符合五行的生克之理。

【解说　音乐起】

太极拳，不仅仅是一套拳，更是哲学思想在人体上的表达方式。太极拳紧紧包裹着太极文化之魂，几百年来薪火相传，传播四海。国际武术联合会已于 2000 年 7 月决定，将每年的 5 月定为"世界太极拳月"。2020 年 12 月 17 日，太极拳申遗成功，正式列入人类非物质文化遗产代表作名录。目前，太极拳已传入 100 多个国家和地区，全世界已有 70 多个国家和地区建立了太极拳组织，习练太极拳者已达 1.5 亿人，太极拳已成为名副其实的世界第一武术运动。

第四十二集

源头活水

【字幕　淡入淡出】

《周易》被认为囊括了天、地、人间的一切知识，是古代社会科学和自然科学的总汇。

——易学家、国际易学联合会副会长　廖名春

【解说　音乐起】

《周易》，是春秋战国时期诸子百家思想的源头，作为中国文化奇迹和中华民族智慧的源泉，它深刻体现了中华民族精神发生和发展的历史。

【采访　同期声】

《周易》的内容，由三部分组成：一是周文王所作《周易》古经，包括六十四卦、卦名、卦辞、爻辞。二是孔子作的《易传》，包括《彖传》上下、《象传》上下、《系辞传》上下、《文言传》、《说卦传》、《序卦传》、《杂卦传》七种十篇。三是"易学"，包括研究《周易》的人和书，以及易学在各类学科中的广泛影响。

【解说　音乐起】

周文王之前的《易经》，其中包括《连山易》《归藏易》，是宗教、

巫术、占算之书。春秋末期，孔子和儒家弟子及后学以德义思想对《周易》进行了新的阐释后，《周易》成了一部哲学之书。

【采访　同期声】

到了汉朝，汉武帝听从董仲舒"罢黜百家，独尊儒术"的建议，将《周易》排在了《书经》《诗经》《礼经》《春秋》之首，这就有了"五经之首"之说。到了东汉时期，班固写汉书，编写了《艺文志》，正式把《周易》列为"群经之首"，得到当时的官方认可。从此，《周易》从群经中脱颖而出，其"群经之首"的地位坚如磐石再未动摇过。

【解说　音乐起】

《周易》成为我国古代哲学思维、文化思维和灵智思维的多维载体，是"经典中的经典，哲学中的哲学，智慧中的智慧"。后世"诸子百家"以及一切传统文化思想，无不源于《周易》这座思想、哲学、文化和智慧的"珠穆朗玛峰"。

几千年来《周易》文化，在中国和世界上一直有着巨大的影响。在国内还有很多与八卦有关的建筑遗迹。

这是位于新疆特克斯县城的"八卦城"。它现在是世界上唯一的乌孙文化与易经文化交织的地方。

这是位于广东韶关市翁源县江尾镇的"八卦围"。它以罗盘八卦图形而建，形成一个大围，其中有 1653 间房，99 条街巷，外地人如没有当地向导带路进村，通常会迷失其中，所以被称为"迷魂村"。

位于浙江金华市兰溪的"诸葛八卦村"，按"八阵图"布局设计，风格独特。还有杭州和兴义的"八卦田"，以及开封的八卦监狱等。

类似于这种易经"八卦"的景点、村镇，甚至城市，还有许多。这些八卦胜迹布局巧妙、神秘莫测，有着非同一般的美景，吸引着易学文化爱好者和广大旅游者前往。

虽然《易经》已经是一首流传五千多年的古老谣曲，但它穿越了历史进步中的局限性，以它无限的魅力，影响着中国和世界。值得一提的是，春秋战国时期，《周易》没有系统的著作流传下来。但从《左传》《国语》等书的记载来看，当时的易学已经包含哲学的许多萌芽思想，已开始向哲学方面发展，成为后世易学学说的源头。

【采访　同期声】

《左传·昭公十二年》对卦爻辞的解释已开始向伦理化、道德化方面转化。战国时期也只有儒家留下了比较系统的易学著作，就是《易传》，而其侧重阐释易学哲理。从周代开始设有太卜之官专门掌管占筮。春秋战国时期，因战争不断，占卜多用于兴兵作战、祭祀等。而孔子的《易传》打开了易学哲学的大门，把宇宙万事万物对立统一的辩证思想充分展示出来。

【解说　音乐起】

19世纪德国著名的哲学家黑格尔说："《易经》包含着中国人的智慧（是有绝对权威的）。"《周易》作为我国最古老、最权威、最著名的一部经典，是中华民族智慧的结晶。它在几千年的历史长河中，尽管浮浮沉沉，历经种种坎坷与考验，人们对其或褒或贬，却历久弥新、经久不衰，为中国文化和世界文化做出了卓越的贡献，仍然被称为中国文化的源头活水。

第四十三集

群经之首

【字幕　淡入淡出】

《易经》所讲的是天人整体之学，故被世人称之为"五经之首，大道之源"。

——著名易学家　刘大钧

【解说　音乐起】

伏羲画卦的地方除了甘肃天水的卦台山一画开天创立八卦之外，相传还有一处是伏羲率部落东迁所在地，河南周口市淮阳县城东 15 公里的蔡水之滨的"八卦台"，它有"天下第一台"的美誉。传说是因伏羲在台上观龟撰卦而得名。

这是位于河南鹤壁市的淇河，太行山东麓的我国面积最大的"天然太极图"。传说周文王被囚禁羑里城之前是被关在这里的。他通过研究地貌，观天象，从而获得灵感。

这尊建于 1998 年，立于安阳汤阴县羑里城中心广场的八卦图像中间的六米高的石雕像，就是被称为"群经之首，大道之源"的《周易》创作者周文王。这尊气宇轩昂、淡定祥和、睿智深远、形神兼备的石雕，体现出中华民族大智者的形象。

"一卷经成万古功"，周文王对中华传统文化的贡献和影响，彪炳史册，卷照汗青。2007 年 2 月 6 日，河南省政府批准并公布"周易文化"入选首批河南省级非物质文化遗产名录。

到了汉朝，汉武帝听从董仲舒"罢黜百家，独尊儒术"的建议，了解《周易》所讲的天、地、人三才之道是"天人之究"的问题，将《周易》排在了《书经》《诗经》《礼经》《春秋》之首，这就有了"五经之首"之说。汉宣帝刘询时，《周易》的地位又被拔高。当时的宰相丙吉提出，《周易》是圣帝明王治太平之书，帝王应该用《周易》的原理来创造一个太平盛世。东汉，班固正式把《周易》列为"群经之首"，并得到当时的官方认可。

【采访　同期声】

我们要用马克思主义理论、方法看待《周易》。《周易》原是一本卜筮之书，但它的宝贵之处不在卜筮，而在于卜筮里蕴藏的哲学思想。不过在当时，人们还不能够认识它，直到春秋末年孔子及其儒家弟子以德义思想全面阐释《周易》本经，作《易传》，《周易》的哲学思想才被揭示出来。

【解说　音乐起】

《周易》成为"五经之首"，与司马迁有着一定的关系。汉朝人开始是比较重视《春秋》的，但司马迁则认为这个不行，说《周易》最重要，因为《周易》里边有一个大智慧，有一个核心的价值观。司马迁是伟大的历史学家，也是易学家，他认为《周易》说的就是阴阳的问题。

伟大的中华民族创造出光辉灿烂的文化，而作为"五经之首"的《周易》就是这个文化的核心，它博大精深、源远流长，为中华民族留下了得天独厚的精神财富与经典智慧。

【采访　同期声】

《周易》是一部智慧的书，《四库全书总目提要》是这样介绍《周易》的："易道广大，无所不包，旁及天文、地理、乐律、兵法、韵学、算术，以逮方外之炉火，皆可援易以为说……"

【解说　音乐起】

著名哲学家冯友兰说，《周易》哲学可以称为宇宙代数学。这是因为它的原理是宇宙间一切事物存在的公理，是事物本身固有的规律，它的哲学思想生发和影响了整个中华文化。尽管它已经走过了三千年的历程，但在当今社会仍然大放光芒。

《周易》运用象数思想"推天道以明人事"，通过阴阳的辩证法则，深刻体现哲学观念，弘扬人与自然的和谐统一。用《易》之智慧可指导人们居安思危、趋利避害，洞察人生际遇，化解事业危机，处理人际关系，积累人脉财富。

【采访　同期声】

几千年来，东方的《易经》、西方的《圣经》、印度的《吠陀经》这三大经典一直在世界上并驾齐驱。其中以中国的《易经》为最玄妙，一部易学千古迷宫，几千年来历代帝王研究它，将它作为治国之本；将相大臣、士大夫、学者、名人都在皓首穷经。它揭示了天地万物的发展变化规律，指导帮助人们认识处理各类事务，而其中蕴含的哲学原理，更令中西方的学者们叹为观止。古往今来，百家争鸣，流传下来的易学著作已有数千部之多。

【解说　音乐起】

伟大的中华民族创造了光辉灿烂的文化，而作为"群经之首"的《周易》就是这个文化的核心。它博大精深，源远流长，为中华民族留下了得天独厚的精神财富和经典智慧。

习近平总书记曾多次引用《周易》中"穷则变，变则通，通则久"的观点，来阐明改革开放是"实现中华民族伟大复兴的关键一招"的道理。穷则思变、变中求新、新中求进、进中突破，这是中国先哲对事物发展变化规律的深刻总结，也是当代中国发展进步的现实写照。

　　在中国这片灿烂的文化天空中，《周易》当属一个最为辉煌的星座。当我们今天从过去一度受到神秘主义、蒙昧主义和原始狭隘思维的影响下摆脱出来，就会从中领悟到太多之前未曾领悟到的道理和意义。

第四十四集

《周易》和谐学

【字幕 淡入淡出】

在全球一体化的今天，人类面临着新的挑战，诸如天与人、人与人、人与科学、人与宗教等……如何运用《周易》及以《周易》为主要框架而建立起儒道哲学形成的博大中华文化，与世界平等对话，是应当回应和解决人类面临的新问题。

——郑州大学教授 崔波

【解说 音乐起】

《周易》是中华民族智慧的集大成者，"和谐"是中华民族核心价值观的重要内容，和谐思想来源于《周易》的智慧。

【采访 同期声】

《周易·乾·彖传》曰："乾道变化，各正性命，保合大和，乃利贞。首出庶物，万国咸宁。"意思是说，乾道产生变革和化生，万物各自得其属性与寿命之正，保全协调太和之气，成天道之正。先有众生和万事万物，万国均得安宁。

【解说 音乐起】

著名易学家朱伯崑对太和（大和）、保合、中和的解释比较贴切。

他说，这就好比是北京故宫的太和、中和、保和三大殿的名称，"太和"就是最伟大的和谐；"中和"之名就是讲究阴阳、刚柔互补；"保和"就是保持中和，当它不和谐的时候，进行一种管理调节，使之和谐。太和，是最高层次的和谐，包括人与自然的和谐以及人与人之间的和谐。保合太和，就是要通过人的主观努力，加以保合之功，不断地进行调控，使之长久保持和谐，来造就人们所期望的万物繁庶、天下太平的良好局面。

《周易》是中华民族智慧的结晶，"和"的智慧反映了中华民族自古以来就能把各种不同的东西整合成一个整体，在尧的时代就开始了这种整合，历经夏商周三代，一直到春秋战国，华夏就正式形成了。

《周易·系辞下》说："同归而殊途，一致而百虑。"虽然说春秋战国时期列强割据，百家争鸣，然而到了汉代又整合为一体了。《周易》揭示了宇宙万物"一阴一阳之谓道"的变化原理，《周易》认为整个自然世界是由阴阳两大势力所组成，阴阳是个一体化的大系统，表现为大化流行的动态过程，生生不息，变化日新，阴与阳相反相成，协调并济，彼此感应，从而形成了"天地交泰"宇宙自然的大和谐。"一阴一阳之谓道"，这是适应宇宙自然和人类社会"和谐"的总原则，贯通天、地、人三才之道，从而形成了"上下交而志同"的社会和谐。

【采访　同期声】

老子《道德经》说："道生一，一生二，二生三，三生万物。万物负阴而抱阳，冲气以为和。"这里所说的"和"，就是阴阳二气互相冲突的交合，成为均匀和谐的状态，从而成为新的统一体。《论语》说："礼之用，和为贵，先王之道，斯为美。"讲的是礼的应用，以和谐为贵，古代君王的治国方法、先贤流传下来的道理宝贵的地方就在于此。

【解说　音乐起】

《周易》总结了儒、道两家的观点，提出了"太和"的思想，把自然和人类社会看作一个整体，"推天道以明人事"，以这种"和谐"的规律，来谋划一种和谐的社会发展前景，使社会君臣、父子、夫妇、兄弟诸多人际关系能够像天地万物一样和合畅达，各得其所。而《周易》所追求的就是这种以"太和"为最高目标的天与人、社会与自然的整体和谐。易道贵"中和"，而中和的实质性内涵，可以归结为阴阳协调、刚柔并济、动态平衡、双向互补，是事物生生不息不断发展的内在动力，其思维代表了中国文化的根本精神。

【采访　同期声】

宋代易学家张载说："有象斯有对，对必反其为；有反斯有仇，仇必和而解。"意思是主张一切问题、冲突都通过"和"来解决，强调从对立到和谐不仅是天地的法则，也是社会、人生中具有普遍意义的原理。

【解说　音乐起】

中国人自古善于用和谐的方法来消除矛盾、解决矛盾，使事物健康发展。当前，我国正在构建社会主义和谐社会，而在国际上我们也要推动构建人类命运共同体，所以说"和谐"是一个永恒的话题。

第四十五集

《周易》的精神财富

【字幕 淡入淡出】

《周易》是靠其自身的理论思维和中国人的智慧相传下去的。

——南开大学教授 吴克峰

【解说 音乐起】

《周易》,之所以被称为"群经之首""大道之源",是因为它积累着数千年古圣先贤的智慧,大到治国安邦、励精图治,小到修身养性、为人处世,其深邃与博大是无与伦比的。

《周易》以简单的符号和简约的文字诠释着宇宙万物。六十四卦中的每一卦都能给世人以"推天道,明人事"的顿悟。无论是社会、心理、文学、艺术,还是哲学、科技、创业,各个领域都能从《周易》中撷取智慧,并成为人们生活与事业舞台上永远经典的台词。

《周易·艮·象传》说:"时行则止,时行则行,动静不失其时,其道光明。"《周易》倡导,人生之道既推重"自强不息"的追求精神,又提示要"变通"的处事法则。

《周易》用自然现象的已然性来论证社会现象的应然性,依赖自然规律的变化来对人的吉凶祸福进行判断。它主张知天、顺天、乐天。知天,这是人生的第一要则,但是,知天并不是目的,知天的目的是顺天。"顺乎天而应乎人",要"待时而动"。

知天、顺天，是处理天人关系的原则，而乐天才是人生应该抱有的达观态度，超越具体功利的审美的态度。"乐天"就是不被金钱、名誉、地位诱惑和困扰。有道是"乐天知命，故不忧"，说的是乐天知命，因而不会忧愁。

【采访　同期声】

《周易》认为，人之处世，要找准自己"守正"的位置，要有诚信，要求个体与个体、个体与群体的阴阳和顺。做到这些，才能成为一个生命通达、循环不息的和顺的整体。《周易》在处理事务方面强调果决、审慎、适变。离开审慎的果决是鲁莽，没有果决的审慎是无能。

【解说　音乐起】

处理人际关系是《周易》哲学的主题。《周易》对人生，既有"龙"从潜伏到腾飞于天的正面激励，也有"亢龙，有悔"和"履霜，坚冰至"的吉凶警世。

《乾》卦第一爻"潜龙，勿用"，就是说在力量不够强大、时机未到时，要积蓄力量，等待时机，不能轻举妄动。到第二爻"见龙在田，利见大人"，时机到了，也有一定的力量了，就要果决地跃出水面，到广阔的田野去寻找可能赏识自己、提拔自己的"大人"。到了第三爻"君子终日乾乾，夕惕若厉，无咎"，君子日间锐意进取，夜里警戒自省，既要果决，又要审慎。到了第四爻"或跃在渊，无咎"，是说已渐入佳境，龙跃入深渊游嬉，龙喜水深，所以没有咎灾。到了第五爻"飞龙在天，利见大人"，说的是龙已飞生于天，象征君子大展宏图的时机已到，所以利见大人出现，必获奖掖提升。到了最后上九爻"亢龙，有悔"，说龙飞得太高，不接地气了，总因有困厄而悔恨。

从整个《乾》卦来看，从初爻的"潜龙，勿用"到上九爻"亢龙，有悔"，乃至用九"见群龙无首，吉"，说发现群龙没有首领，吉利，此卦中既有鼓励的号角，也有震耳的警钟。这就是勇与谋、果决与审慎的完美结合。适变，就是要求人们要根据自然和环境的变化而变化。人要在变化中求生存、求发展。

【采访　同期声】

《周易·系辞上》曰："范围天地之化而不过，曲成万物而不遗。"是说囊括天地之变化而不过分，承盛万物而不遗失细微。变与适变是《周易》的根本宗旨。它犹如一把人生的金钥匙，让人们认识规律、掌握规律，争取更好的结局。换句话说，就是告诉人们如何将命运掌握在自己手中。

【解说　音乐起】

不明《易》者，不得为相；不通《易》者，运程难顺。《周易》，留给了我们一笔沉淀千年的精神财富，是一面激励人们奋发向上的重锤战鼓，即使身处逆境，也能从中汲取智慧，获得前进的动力。

第四十六集

《周易》的诚信思想

【字幕　淡入淡出】

君子名之必可言也，言之必可行也，君子于其言，无所苟而已矣。

——孔子

【解说　音乐起】

《周易》第六十一卦《中孚》，孔子《易传》对"中孚"的解释是"中孚，信也"。据相关学者研究统计，"孚"（信用），通行本《周易》出现42次，其中26次作"有孚"（认识孚）。由此可见《周易》对"诚信"的重视程度。

【采访　同期声】

古人以"易"为工具来进行占卜活动，要求占卜者"心中诚信"。诚信是为人处世的一项基本准则，也是判断一个人人格高下的突出标志。

【解说　音乐起】

《周易》的哲理表明，人生在世应以诚信为本，不守信用，将寸步难行。在社会中，只有诚信才能换取信任，只有真诚才能换取真情。社会秩序的稳定，人际关系的和谐，需要人与人之间的理解、信赖和相互帮助，诚信思想已经渗透到社会生活的方方面面。

【采访 同期声】

《中孚》卦象上为巽为风，下为兑为泽。《周易·中孚·象》曰："泽上有风，中孚。君子以议狱，缓死。"意思是说，大泽上吹拂着和风，象征着"心中诚信"。君子因此以诚信之德审议讼狱而宽缓死刑。《周易·中孚·象传》曰："柔在内而刚得中。说而巽，孚乃化邦也。'豚鱼吉'，信及豚鱼也；'利涉大川'，乘木舟虚也。中孚以'利贞'，乃应乎天也。"意思是说，中孚就是要和悦而谦逊，其诚信因此感化邦国。即使用小猪小鱼这样的薄礼也吉利，其诚信到了不忽略猪、鱼等小物的地步。利于涉越大河大川，即带着诚信出行，就像驾中空木舟以行于水。内心诚挚而能"利于守正"，是因为顺应自然之道。

【解说 音乐起】

"诚信"，是中华民族精神的一个重要方面。中华民族历来讲究言必信，行必果，在社会历史和人生成长的过程中，把诚信当作做人、处事、立业之本。"修辞立诚"出自《周易·文言传》："君子进德修业。忠信，所以进德也。修辞立其诚，所以居业也。"是说君子增进德行、修治事业。为人忠诚从而增进其德行。修饰言辞以表现诚意，从而保有功业。就是要告诫人们，要加强道德修养，做到立身诚实。

【采访 同期声】

《周易》蕴涵着十分丰富的诚信思想，是儒家思想的源头。儒家思想的重点是仁、义、礼、智、信，"诚信"一以贯之被推崇。《论语·为政》曰："人而无信，不知其可也。大车无輗，小车无軏，其何以行之哉？"是说人若无信用，那是万万不行的。就像牛车、马车没有木销子，还怎么行走呢？车无销，不可行驰于路；人无信，不可行走世间。孔子把个人信用看作为人立世的关键点，没有信誉的支撑，就没有人格的树立。

【解说　音乐起】

公民的诚信度，是一个人道德水平高低的标志。当今社会对公民道德规范明确要求"诚实守信"，从而实现以德治国。诚实守信是中华民族的传统美德，也是社会和谐有序运转的润滑剂。社会运行中不时会出现诚信缺失问题，已成为亟须治理的突出社会问题之一。

第四十七集

太极

【字幕　淡入淡出】

《周易》乃大道之源，易学乃智慧之渊，弘扬易学以富民强国，普及易学以培育美德。

——著名易学家　唐明邦

【解说　音乐起】

太极图，它是中国古人在圆形、图腾、阴阳以及对称等概念认识基础上逐步形成的。根据相关考古发现，早在新石器时代的彩陶壶上已经出现了双龙古太极图，可以说它是中国文化的肇始，是中国的第一发明，被称为"中华第一图"。

另有一张看似简单的太极图蕴涵着无穷的奥秘和天机。它发现于宋代初年，据说一直在道教之间秘传。太极图旧有三种："先天太极图""周子太极图""来氏太极图"。先天太极图流传最广，称天地自然之图，几乎家喻户晓。

【采访　同期声】

太极图形展现着万物互相转化、相对统一的形式美。这种特有的"美"的结构，对中华民族文化产生了直接的影响。人们在表达"喜相逢""鸾凤和鸣""龙凤呈祥"等吉祥事物时，都会用这种一上一下、一正一反的形式组成生动优美的吉祥图案。

【解说　音乐起】

太极图是以黑白两个互缠互抱的鱼形纹组成的圆形图案，俗称阴阳鱼，所以也叫"阴阳鱼太极图"。太极，是中国古代的哲学术语，意为派生万物的本原。这个图形象化地表达了它阴阳轮转、万物生成变化根源的哲理。宇宙间任何事物都是由阴阳两个方面组成，阴阳密不可分，用现代哲学术语说是"一分为二"，反之就是"合二为一"。类似这种吉祥的表达方式，在民间几乎无处不在。

从孔庙大成殿的梁柱，到老子楼观台、三茅宫、白云观的标记物；从道士的道袍，到卜筮的卦摊；从中医、气功、武术及中国传统文化的书刊封面，到丹麦物理学家玻尔设计的族徽；等等，太极图无不跃居其上。

【采访　同期声】

表达"太极"的图案，除了两个"阴阳鱼"，还有后来赋予更多内容的太极八卦图——就是这个内为阴阳鱼互缠图案、外为八卦或六十四卦的环形图案。

【解说　音乐起】

"太"有"至"的意思，"极"有"极限"的意思。"太极"就是至于极限，无与伦比。作为中国文化史上的一个哲学概念，太极，是指一切事物发展变化从最开始到无与伦比的极限。万物的最开始是无极，太极是由无极发生的。"无极而太极"，但"无"不是空无一物，"无极"就是"太极"这个形形色色的有形之体存在的规律和原理。也就是说一切的"有"都是从"无"中发生的，而且宇宙中的"有"是无限的。

太极，最早出现在《周易·系辞上》："《易》有太极，是生两仪。

两仪生四象，四象生八卦。"太极生两仪，两仪就是阴和阳，这已经成为《周易》最根本的理论基础。"无极"，是事物产生之前的无形无象，无中心又无边界的无穷无尽的"混沌"状态。

【采访 同期声】

太极，这个结构最简单、内涵最丰富、含义最深刻、造型最完美的太极星图案，揭示着宇宙、生命、物质的起源，解释着宇宙、生命、物质、能量、运动、结构等一切内容。

【解说 音乐起】

现代科学认为，大约在146亿年前，宇宙还未诞生，虚无缥缈，宇宙还处于一种没有前后、没有左右、没有上下、没有中心、没有边界的混沌状态。这与上古先人对宇宙大爆炸之前的状态的抽象理解不谋而合。古圣先贤就把这种抽象理解的混沌的宇宙原始状态称为"无极"。

正如北宋理学家周敦颐《太极图说》认为的那样，"太极"是宇宙的本原，人和万物都是由阴阳二气和水、火、木、金、土五行相互作用构成的。五行统一于阴阳，阴阳统一于太极。

太极图中的"S"线表明任何事物的内部都是有结构的；黑白互抱的两条阴阳鱼代表相互独立的阴、阳；白鱼中的黑眼和黑鱼中的白眼，表明阳中含阴，阴中含阳，阴阳互根，互相包含；圆形图，表示万物的运动和结构有规则，说明运动是以旋转为基本形式，而且是流畅圆润的；整个结构均衡对称，表明独立的双方都有均衡的能量和平等的结构地位。

阴、阳部分的大头和小尾，表明事物无论正、反旋转运动都是有方向性的，双方能力有强弱变化，揭示出物极必反的状态。这就是易理产生的根源。太极的极限包括了大而无外、小而无内的时空极限。有近代的易学家描述说：太极，可以大于任意量而不能超越圆周和空间；也可以小于任意量而不能等于零或无。太极的根源是什么？阴阳之道对我们的祖先以及现在的中国人有着根深蒂固的影响。古代无论是"中华""中原"，还是现在"中国"，我们的标签都有个"中"字。这源于阴阳合一的思想，几千年传承造就了我们中庸的性格。这个"中"就是阴阳，是太极，是道。《周易》的精髓除了告诉后人阴阳之道外，最重要的是要我们尊重自然、顺应自然。

这是位于浙江省中部的武义县，一个笼罩着浓厚道教神秘色彩的古村落——俞源太极星象村。村里居住着 700 多户人家 2000 多口人。它是目前中国最大的俞姓聚居地，俞源太极星象村的布局是明代开国元勋刘伯温设计的。刘伯温是中国历史上著名的政治家和战略家，在民间传说中被描绘成仙风道骨、足智多谋、类似诸葛亮式的传奇人物。据说，元末刘伯温辞官回归故里，路过俞源探望俞涞，当时俞源旱涝不断、火灾频发、瘟疫流行、民不聊生。俞涞请刘伯温帮忙想想办法。精通天文地理的刘伯温经过仔细勘察，设计成太极图和天罡引二十八宿的村庄布局，在村中按北斗星状挖出了七口池塘，并要求俞氏后代按这个布局建造房屋。之后俞源旱涝无虞，村泰民富，不仅在明、清两代富甲一方，而且还出了尚书、大夫、抚台、知县、进士、举人等 260 多人，成为人杰地灵的宝地。

【采访当地名人　同期声】

《周易》有着丰富的阴阳和谐理念，是中华民族和谐精神、和谐理念的根源。它虽然以变为本，倡导变革，呼唤创新，但这种变革和创新是要变无序为有序，化冲突为和谐，实现人际关系、社会秩序的和谐，进而实现包括自然与社会在内的天人整体和谐。

【解说　音乐起】

《周易》强调阴阳和谐、"天人合一"、"顺天而行"，就是指在尊重自然规律、不违背天道的基础上，充分发挥人的主观能动精神，以达到与自然和谐一致的理想境界，对于当今构建社会主义和谐社会具有重要的现实意义。

　　太极图，虽然极其简单，但它具有深刻的思想和高超的智慧。它独特的结构和个性体现了《周易》阴阳和谐与朴素的辩证思想，给世世代代的人们以心灵上的震撼和久久的思索。

第四十八集

五行

【字幕　淡入淡出】

"五行"一词，始见于《尚书·甘誓》。……五行是水火木金土。……《洪范》明确列举了五行的内容，说明了五行各自的本性与表现。

——著名哲学家　张岱年

【解说　音乐起】

"五行"是中国古代的一种物质观。作为一种学说，大千世界五光十色，千奇百怪，大自然芸芸丛生，变化无穷。我国古代先贤仅用木、火、土、金、水五个字竟然能把五彩缤纷的大千世界揽入怀中，这不能不说是一种神奇。

五行学说认为，宇宙万物都是由木、火、土、金、水五种基本要素运行（运动）和循环生克变化所构成的。它是中国传统文化的重要体系之一，是古代朴素的唯物主义哲学。古人认为木、火、土、金、水这五种元素充盈在天地之间，无所不在，它们相互作用、相互发展，维系着自然的平衡。木代表生长的物质，火代表可以散发热能的物质，土代表自然本身，水代表流动的物质，金代表坚固的物质。木和火在土的上面，水和金在土的下面，所以木、火属阳，水、金属阴，土是中性。

"五"是指把自然界归纳的具有木、火、土、金、水这五种属性的物质；"行"代表运动，是循环变化之意。"五行"指的就是物质运动。五行的相生相克，代表着万物运行演化。

【采访　同期声】

五行相生，又称五行相受，木生火，火生土，土生金，金生水，水生木。五行相克，又称五行相胜，金克木，水克火，木克土，火克金，土克水。古人将五行生克这种认识和解释自然的系统结构以及方法论，多运用于哲学、医学和占卜。

【解说　音乐起】

从我国悠久灿烂的治水文明，到青铜冶炼技术，再到陶瓷烧制技艺，都可谓五行的艺术。五行学说在我国古代经历了一个逐渐发展的漫长过程。五行最早见于夏朝遗文《尚书·甘誓》，其中记载了夏启大战前说的一段话。他说，有扈氏违背天意，轻视金、木、水、火、土五行，怠慢甚至抛弃了我们颁布的历法。文中五行与三正，即周正、殷正、夏正三正之说，是表示不同岁首的几种历法。不难推想，它和上古历法、上古先民尊天的观念有着密切的联系。

周武王灭商后的第二年，商纣王的叔父箕子所陈说的治国大纲《尚书·洪范》，把水、火、木、金、土称为五行，并粗略地描述了这五种物质的性能。他说："水曰润下，火曰炎上，木曰曲直，金曰从革，土爱稼穑。"意思是说，水的性能是润下，具有寒冷向下的特征；火的性能是炎上，具有向上燃烧的特征；木的性能是曲直，可弯可伸，具有生发条达的特征；金的性能是从革，具有清净、收杀的特征；土的性能是稼穑，即土壤可种庄稼，具有生长、化育的特征。

据《左传》记载，春秋末期的阴阳家蔡墨提出了属性论五行相克相生的思想，为当时的五行奠定了理论基础。以木、火、土、金、水为序，并把相克、相生的次序固定下来，形成了事物之间矛盾、统一的模式，体现了事物内部的结构关系以及整体把握的思想。

【采访 同期声】

在这个时期，《黄帝内经》把五行学说应用于医学，认为世界上一切事物不仅都是由木、火、土、金、水五种属性的基本物质生成的，而且它们还具有各自的功能和作用。这对研究和整理古代人民积累的大量临床经验，形成中医特有的理论体系，起了重要的推动作用。

【解说 音乐起】

这是古代医学家托轩辕黄帝之名所作的《黄帝内经》，成书于春秋战国时期，是我国现存最早的医书典籍之一，被称为我国中医学"四大经典"之首，是活学活用易学的典范。在五行理论形成及盛行之际，正是《黄帝内经》医学理论构建并形成时期。《黄帝内经》广泛运用五行理论及其思维方法解释人与自然、人与社会、人体与自身联系，将五行理论广泛应用于指导临床诊断、病理分析、治疗用药、刺灸取穴与心理治疗等各个层面，表现了应有的自然科学特征。

阴阳是宇宙的基本法则，宇宙间一切事物都由阴阳相互作用而产生，既然一切事物都由阴阳产生，那么五行作为一种实质性的事物形态，它的产生来源也不会例外，也必然以阴阳为基本材料生成。在长沙马王堆汉墓出土的帛书《要》中，孔子对五行曾有清楚的表述："《易》有天道焉，而不可以日、月、星、辰尽称也，故为之以阴阳；又有地道焉，不可以水、火、金、木、土尽称也，故律之以柔刚。"

【采访 同期声】

阴阳五行说，是战国末期齐国人邹衍对原始的阴阳和五行学说加以改造，将阴阳说与五行说结合起来，用阴阳消长之道说明五行的相生相克而创立的，是描述天道的另一种思想体系。五行是五种物质的能量、信息符号，它们之间在生、克、乘、侮、藏等关系中反映了天地之间各种物质、结构、能量之间的内在联系和运化。

【解说 音乐起】

八卦五行说，则是汉武帝时任大中大夫的齐郡太守京房提出的。他是河南清丰县人，汉易象数派的代表人物，其所提出的八宫卦说、纳甲说、五行说、卦气说等，基本内涵都是以木、火、土、金、水的范畴来解说《周易》。他根据《说》卦以乾为金、以坤为土的说法，讲八卦与五行相配，认为乾、兑属金，离属火，震、巽属木，坎属水，艮、坤属土。他还根据《礼记·月·令》中以五行配四时十二月，春季为木，夏季为火，秋季为金，冬季为水，还剩下土就配给了四季之末的观点。依照此排定的顺序，将八卦分别与五行相配。

【采访 同期声】

与五行相对应，还有"儒家五常"。"仁、义、礼、智、信"，是儒家文化的五常思想，指的是人必须具备的五种品德，贯穿了中华伦理的教育，成为儒家体系中的核心元素。

【解说 音乐起】

所谓"仁"，即恻隐之心，乃是五常思想的基础，在五行中对应木，具有华美且风雅的个性。因此，木性之人就具仁德、有慈爱，且又行善的特性。

所谓"礼"，即恭敬之心，是待人接物的表现，是"仁"的外在延伸，而"仁"则是"礼"的内在精神，两者互为表里。在五行中对应火，因此，火性之人为人谦让谨慎，具有敬上而不欺下的特点。

所谓"义"，即善恶之心，是一种责任、一种奉献，往往具有敢为天下先的精神。在五行中对应金，说金性之人往往具有崇善弃恶、事事依理的特点。

所谓"智"，即是非之心，是聪慧、灵感力的表现。在五行中对应水，正如水之势，无形不定，流转四方。故此，水性之人就具有详细观察事物的能力，对于任何事能预知前兆，善理权谋术事。

所谓"信"，即人之言，对自己说过的话负责，是做人的根本，也是中华民族的基本品德。在五行中对应土，正如土之特性，厚德载物，容纳四方，所以土性之人性情温厚笃实，具有诚恳之意，且非常有自信。

《周易》的乾、坤、艮、兑、离、坎、巽、震八个经卦都有各自的五行性质。震为雷的性质为木，位于正东方；兑为泽的性质为金，位于正西方；离为火的性质为火，位于正南方；坎为水的性质为水，位于正北方；坤为地的性质为土，位于西南方；艮为山的性质为土，位于东北方；巽为风的性质为木，位于东南方；乾为天的性质为金，位于西北方。

【采访　同期声】

虽然古人讲八卦的属性是以五行的性质为标准划分的，阴阳五行和八卦具有自发的朴素的辩证法观点，八卦代表八种基本物象：乾为天属金，坤为地属土，震为雷属木，巽为风属木，艮为山属土，兑为泽，坎为水，离为火，五行与八卦之间有着一定的对应关系。八卦中的离火和五行中的南方火同为一物，八卦中的坎水和五行中的北方水同为一物，五行与八卦中的水与火两项基本物质元素具有的同一性，绝对不是偶然因素的巧合，而是表明它们之间有着必然性的联系。

【解说　音乐起】

人，创造了文化，又通过文化创造自身。对于五行的理念，从认识到承认，从共识到应用，无疑会引起人们价值观的调整，价值观的调整必然引起人们生存方式、思维方法、人际关系、情感走向的调整。时间的重量，只有在某种特定的时期我们才会感觉到。

第四十九集

百姓日用而不知

【字幕　淡入淡出】

"百姓日用而不知"者，言万方百姓，恒日日赖用此道而得生，而不知道之功力也……至于百姓，但日用通生之道，又不知通生由道而来，故云"百姓日用而不知"也。

——王弼《周易注疏》

【解说　音乐起】

说到易学，许多人总感觉它是那么玄妙和高深，有道是"百姓日用而不知"，它与我们的生活是息息相关的。

易学是一个包罗很广泛的概念。一阴一阳变化的法则，就是宇宙万物存在的规律。易道广大，无所不至。《周易·系辞传》曰："继之者善也，成之者性也。仁者见之谓之仁，知者见之谓之知。百姓日用而不知，故君子之道鲜矣。"是说一阴一阳的变化叫作道，前后相继的叫作善，辅成阴阳的叫作性。仁者看见道的仁面，称道为仁；智者看见道的智面，称道为智。百姓天天运用阴阳之道但毫无认识，所以君子之道是很少见的。

【采访　同期声】

易学就在我们的生活之中，我们生活中的每一个角落都有《周易》

的影子。比如，处于逆境之中，会想到"否极泰来"；前无去路时，会想到"剥极而复"；看到社会出现乱象时，则要求"革故鼎新"；遇到分配不均时，则知道"有损有益"。还有我们平时常说的"阴阳""太极""八卦阵""先天""后天""变卦""九重阳""正大光明""变通""谋事在人""反目成仇""立竿见影""易医同理"等词语，都与日常生活密不可分。只要留心，生活之中处处都有"易"。说"百姓日用而不知"中的"不知"一词，并非指百姓对"一阴一阳之谓道"全然不知，而是"知其然而不知其所以然"。其表现为人们还不完全具备以阴阳学说为核心、天地人为一体的系统思维。说君子之道是少见的，这里的君子之道，所指的是"仁义"之道，而"一阴一阳之谓道"是作为应用之道，渗透在百姓生活的方方面面。

【解说　音乐起】

易学与中国人的生活有着极为密切的联系，在传统建筑中处处体现出八卦的风格。在我国各地直接以"八卦"命名的地方不胜枚举，如福建漳浦县有"八卦堡"，四川成都有"八卦亭"，杭州玉皇山下有"八卦田"，天津蓟州区有"八卦城"，等等。

明朝时北京城的设计和规划布局，都是以阴阳八卦的思维原理为基础的。从外城和内城的格局来看，外城为乾，为天、为阳；内城为坤，为地、为阴，具有山泽通气的象征。清代本是沿用明代宫殿的布局形式，但是清代的统治者为了表达崇尚和谐、追求外和内安的政治思想，将宫门中的"极"改为"和"。因此，清代的故宫就出现了太和殿、中和殿、保和殿、太和门、协和门、熙和门，以及天安门、地安门、东安门、西安门、长安右门、长安左门，形成了"六和"与"六安"的和谐格局。

【采访　同期声】

在中国人的名字中，同样也渗透着易学的思想。不少名人的名字都是依据易学而来的。如古代"茶圣"陆羽,字鸿渐。《渐》卦上九爻辞曰:"鸿渐于陆。其羽可用为仪,吉。"蒋介石的名(中正)和字(介石)出自《豫》卦:"介于石,不终日,贞吉。"《象传》曰:"'不终日贞吉',以中正也。"当代的很多年轻人喜欢阅读武侠小说,金庸武侠小说中一些招式的名称就是来自《周易》的《乾》卦,如"亢龙有悔""见龙在田"等。

中国的武术精神也与易学有缘,如太极拳、八卦掌等。我们生活中许多正确的思想观念和处事方法都是源于易学思想,如与时俱进、居安思危、否极泰来、乐天知命等。

【解说　音乐起】

易学文化是中华文化的源头活水,我们生活中的许多日常用语也来源于《周易》,千百年来《周易》已渗透到人们日常生活的方方面面。

汉语中的很多词语,有不少也是人们日常生活中的常用语言,都是从《周易》中来的。如源自《乾》卦的"文明""纯粹""性情""元亨""潜龙";源自《坤》卦的"事业";源自《屯》卦的"反常";源自《蛊》卦的"高尚";源自《剥》卦的"硕果";源自《颐》卦的"饮食";源自《复》卦的"反复";源自《咸》卦的"和平";源自《鼎》卦的"聪明";源自《艮》卦的"动静";源自《革》卦的"革命";源自《丰》卦的"消息";源自《节》卦的"制度";等等。

【采访　同期声】

有众多发人深省的警句,也来源于《周易》。所谓"警句"也称"醒句",是指一句话或一段话,用来激励和告诉当事人某些道理,提醒人们在生活中时刻保持某种精神品格。如"君子以见善则迁,有过则改"源自《周易·益·象传》,"君子以言有物而行有恒"源自《周易·家人·象传》,"仁者见之谓之仁,知者见之谓之知"源自《周易·系辞上》,"二人同心,其利断金;同心之言,其臭如兰"源自

《周易·系辞上》，"无平不陂，无往不复"源自《泰》卦，"积善之家，必有余庆；积不善之家，必有余殃"源自《周易·文言传》，"居上位而不骄，在下位而不忧"源自《周易·文言传》，"君子上交不谄，下交不渎"源自《周易·系辞下》，"乐天知命，故不忧"源自《周易·系辞上》。

【解说　音乐起】

还有不少富有哲理内涵、脍炙人口的"成语"，也都源自《周易》，据统计有 200 个之多。《周易》的成语典故很多，已经长期影响着中国人的生活。如"自强不息""厚德载物"，源自《周易·象传》；"发扬光大"源自《周易·坤·象传》；"风雷激荡"源自《益》卦；"易医相通"，是说《易经》和《黄帝内经》两部经典在理论上相通；"匪夷所思"源自《涣》卦；"穷则思变"源自《周易·系辞下》；"见仁见智"源自《周易·系辞上》；"革故鼎新"源自《周易·杂卦传》；"反目成仇"源自《周易·小畜》卦；"比类取象"，源自《周易》五行学说的研究方法；等等。

《周易·系辞传》说："《易》与天地准，故能弥纶天地之道。"是说易道与天地齐等，所以能包罗天地之道。易学文化形成几千年，其内容包罗万象。原本属于精英之学，也成为中华民俗文化之根，我们通过进一步认识分析《周易》，才会得到许多有益的东西。

第五十集

天人合一

【字幕 淡入淡出】

易言天道，则与人事一滚论之，若分别则只是薄乎云尔。自然人谋合，盖一体也，人谋之所经画，亦莫非天理。

——宋代易学家 张载

【解说 音乐起】

"天人合一"思想是易学中表现人与自然的一个核心命题，它强调人与自然、人类主体与自然客体之间的协调统一。"天人合一"的观念，很早在《周易》中就被明确阐发出来，包含着一系列朴素而精辟的哲学思想。

远古时期，先民从宇宙天象、时空变化及人们生活、生产之间的关系上去观察认识一切事物。对这种由天、地、人相互关系的认识，形成了从客观整体去把握事物的整体观、方法论和形象整体思维。

【采访 同期声】

《周易》六十四卦，每卦由六个爻组成，上边两爻代表天，下边两爻代表地，中间两爻代表人。这也正是象征"天、地、人"并存的一个整体，即"天人合一"的宇宙模式。六十四卦的排列结构，包含着天、地、人三才的意义。《乾》《坤》两卦居首，代表着创生化育万物的天与地，其余六十二卦代表万物，而人则包含在万物之中。这说明人是天地万物的产物，是自然界的一部分。

【解说　音乐起】

易学把天、地、人看作一个统一的整体，认为三者是各自呈现出自身的具体规律，衡量人们的行为正确与否，就是要看他是否与天地之道相吻合。"天"对远古时代的先民来说是神秘莫测的，人们把昼夜、冷暖、四时的更替，自然灾害及环境因素的变化，与其生活、生产的利害吉凶关系相互联系起来，从而认识、掌握"天"的变化，实现适者生存的理念。易学的实质内容和目的，就是能认识和掌握天、地、人三者的关系。

北宋易学家张载明确提出"天人合一"，他说："天人不须强分，易言天道，则与人事一滚论之，若分别则只是薄乎云尔。自然人谋合，盖一体也，人谋之所经画，亦莫非天理。"意思是说，《周易》认为，天并非与人相对立的纯粹客观存在或实体性的存在，而是以人的存在出发谈天或天道，离开人的存在，"天是什么"一类的问题则毫无意义。

【采访　同期声】

"天"就是风、雨、雷、电、云等自然之象的统称。"地"是指山川、河流、草木、荒原、土地等的统称。"人"是指客观存在的具体人身，又指与人相关的人事活动。易学是宇宙的整体观，是天、地、人三者相互关联与相互感应，是"天人合一"的自然观。

【解说　音乐起】

《周易·文言传》说："夫'大人'者，与天地合其德，与日月合其明，与四时合其序，与鬼神合其吉凶。"意思是说，圣明德备之人，其德行与天地相合，其圣明与日月相合，其施政与四时顺序相合，其吉凶与鬼神（阴阳）相合。遵循自然变化的规律，顺应而动。"天人合一”，是自然界与人类和谐共存的美好境界。易学告诉我们，自然界的变化并不是某种超然的或外在的东西所造成的，它的变化是由于宇宙的原动力，总的来说是阴阳互动、交感的结果。我们应在“天人合一”和“人定胜天”的顺天、敬天、事天的大原则下，充分发挥人的主观能动性。

【采访　同期声】

“天人合一”思想认为，人类赖以生存的条件主要有两个，一个是自然环境，一个是人类社会。人类时刻都在自然环境中进行生存和繁衍，倘若其中的任何一个条件被破坏，人类就会遭受重大的灾难。“天灾”和“人祸”，是破坏人类生存的两个主要原因。

【解说　音乐起】

人类应该正确认识宇宙，正确认识自然界，正确认识社会和自己，使人类特有的创造力去发挥积极的作用。在人类科学进步、社会进步和道德观念进步的今天，“天人合一”思想仍将起到一个重大的支撑作用。

下卷

《周易》电影纪录片解说词

【字幕 音乐起 推出片名 淡入淡出】

周易

【解说 音乐起】

这是位于亚洲东部和中部，靠近太平洋西岸，人口位居全球第一、国土面积位居全球第三的中国。这条在一百多万年前就出现在中国版图上蜿蜒东流的黄河，作为母亲河，它不仅哺育了一个伟大的华夏民族，同时也孕育了这个民族的文化和文明。

【字幕 淡入淡出】

一、弥纶天地的易文化

【解说 音乐起】

这是位于黄河中游，流经河南洛阳孟津区会盟镇的河段和洛阳洛宁县西长水村注入黄河的洛河。史称"河图之源，人文之根"，华夏文化的源头就是从这里开始的。

《河图》《洛书》历史久远，先秦文化多有记载。传说当人类进入了新石器时代中晚期时，黄河和洛河分别有龙马和神龟背负着神秘的星象图出现。这两幅精妙绝伦、高深莫测，由数量不等、排列各异，代表"阴阳""五行"的黑、白点构成的图案，被后人称为《河图》和《洛书》。

《周易·系辞传》说："河出图，洛出书，圣人则之。"意思是说，黄河出图，洛水出书，圣人效法它。传说当时中华人文始祖伏羲，看到有龙马从黄河出现，背负"河图"；伏羲根据这种"图""书""一画开天"，创立了"八卦"，也就是"先天易"，它成为今天我们所认识的《周易》形成的最原始的依据。

传说大禹治水的时候，洛河里浮出一只神龟，背负"洛书"，大禹对神龟背上的图案进行了阐释，就是后来《尚书》中的《洪范》篇。

这是甘肃天水"羲皇故里"，是华夏文明和中华民族的重要发源地，相传是中华人文始祖伏羲的出生地。这是天水卦台山三阳川画卦台，是伏羲"一画开天"创立"八卦"的地方。

这是河南淮阳蔡河之滨，有"太昊伏羲氏之陵"，我国第一部诗歌总集《诗经》里对此曾有描述。据古书记载，太昊伏羲诞生于陇西成纪，也就是今甘肃天水，徙治陈仓，都于陈宛丘，也就是今河南淮阳。后人为了祭祀伏羲，缅怀先人，在此地建立了伏羲陵。伏羲陵始建于春秋，增制于盛唐，完善于明清，岁月三千年，历代帝王五十一次御祭。太昊伏羲祭典作为中国民间规模最大的庙会已列入我国非物质文化遗产名录。

这是河南洛阳市孟津区会盟镇的龙马负图寺，"河出图"的纪念建筑物；这是洛阳市洛宁县西长水村"神龟负书"之处，存有"洛出书处"石碑。有关"河出图""洛出书"的民间传说，在2014年11月11日经国务院批准列入第四批国家级非物质文化遗产代表性项目名录。它表明中华文化的摇篮在黄河流域，而且至少有四五千年的历史。"古者包牺氏之王天下也，仰则观象于天，俯则观法于地，观鸟兽之文，与地之宜，近取诸身，远取诸物，于是始作八卦。"

其实不难想象，八卦的由来，不过是来自古圣先贤经过长期悉心观察星云天象，观察山川地理的形势变化，观察鸟兽身上的纹理与地上万物生长的情况，通过某种现象的启迪，获得灵感，创作出阴、阳两种符号，并将其巧妙地组成八卦图案，来模拟人与自然现象，借以会通神明之德行，以类比万物之情状。由此，"卦象"就成了《易经》内容的表现形式。

【采访　同期声】

伏羲八卦，就是常说的无字天书，被称作"先天八卦"，把宇宙间万物——天、地、山、泽、雷、风、水、火归为八大类，形成了"天地定位，山泽通气，雷风相薄，水火不相射"的格局。从空间上看，它们阴阳相互对待；从时间上看，它们四时周期终而复始，为人类认识自然开辟了一条智慧的大道。

【解说　音乐起】

在古代社会，"八卦"诞生的意义在于预测与应用，指导人们的生产和生活。在当时，气象与人们的生产、生活紧密相关，因此我国古代的先民们很早就开始注意天气现象的观测和总结。我们不仅看到安阳殷墟出土的甲骨文中有雨、云、风、雷、雪等天气现象的记载，还有大量气象预测的记载。《周易·说卦传》讲："雷以动之，风以散之，雨以润之，日以烜之。"是说雷可以震动万物，风可以吹散万物，雨可以滋润万物，日可以晒干万物，阐明了卦象与气象的关系。

古人对气象的认识经历了从愚昧、迷信到逐步科学的过程。中国古代的气象预测，是从占卜和观星开始萌芽的。原始人类认为风、雷、雨等都是有奇特能力的超自然的"神"，因此这些天气现象就被赋予了神性，所以才有了风神、雷公、雨师等称呼。

由于上古没有文字和纸张，古人记事靠的是在绳子上打结。打结的绳子往往是悬挂起来给人们传递信息的，因而就形成了八卦的"卦象"。伏羲就用卦象表示天气预报结果，用于指导农事生产，由此便形成了古代第一个气象预测站。

【采访　同期声】

《易经》包括三个《易》：《连山易》《归藏易》《周易》。《连山》，其名初见于《周礼·春官宗伯·大卜》，神农根据伏羲的先天八卦，首创《连山易》。《连山易》如山之连绵，故名《连山》。其先天八卦以艮为首，主要讲阴阳卦的对待，流行于夏代。黄帝，五帝之首，古华夏部落联盟首领，被尊为中华"人文初祖"。黄帝创立《归藏易》，其"中天八卦图"，以象征收藏的坤（地）为首。《归藏易》流行于商代，对中医（《黄帝内经》）的影响很大。黄帝在位期间，播百谷草木，大力发展农业生产，教先民造房子、制衣服、建舟车、制音律、创医学。

【解说　音乐起】

周文王被殷纣王囚于羑里，在研习伏羲先天八卦和神农《连山易》、黄帝《归藏易》的基础上创立了"后天八卦"，按照宇宙自然发展规律重新对六十四卦进行推演、排序，并赋予卦辞，其四子周公（旦）作了爻辞，使《周易》内容更加丰富完善。

《易经》的形成、演变和发展、变化，经历了夏、商、周三个朝代和伏羲、神农、黄帝、周文王、孔子五位圣人。所以，后人用"三世三易五圣人"来形容《易经》的最终形成，《周易》的经文部分是在很长的时间里经过许多人之手逐渐形成的。

由于《连山》《归藏》这两个"《易》"早已失传，所以现在我们看到的《易经》便是殷商末期周文王姬昌演绎的《周易》。

《周易》作为我国最古老、最有权威、最著名的一部经典，是中华民族智慧的结晶。它虽然在几千年的历史长河中经历了沉沉浮浮和坎坎坷坷，虽然它遇到了或褒或贬、或兴或衰的命运，虽然它早已成为一首古老的谣曲，但它还是穿越了历史进步中的局限性，伸展着它那无限的魅力。

【字幕　淡入淡出】

二、文王拘而演《周易》

【解说　音乐起】

在广袤的中原大地，在巍巍太行山的东部，在海河流域卫河水系羑河的岸边，有一个神圣的地方，这就是风靡全球的《周易》的发祥地——羑里城。羑里，是古地名，又称羑都，坐落在河南省安阳市汤阴县北部。羑里城是全国重点文物保护单位，国家 AAAA 级旅游景区，2018 年 9 月被中央台办和国台办确定为海峡两岸交流基地。

从古代人类留下的痕迹、遗物和有机物叠压的七米文化层判断，羑里城这座古代用黄土筑成的、专门囚禁国家罪犯的圆形建筑物，据说建立在夏代，而在殷商后期，监狱的第一个囚犯就是西伯侯姬昌。汉代司马迁《报任安书》记载的"盖文王拘而演《周易》"的著名历史典故，就发生在这里。

【采访　同期声】

公元前 1075 年，帝辛殷纣王即位。周文王姬昌是商朝末年周族的首领，西伯、周侯等都是对他的称呼，而"文王"则是他死后被追封的尊号。周文王原为商朝的诸侯，位居三公之一，是一位睿智亲民的统治者。当时姬昌 82 岁，在朝威望很高，同九侯、鄂侯并列三公。殷纣王淫逸奢侈，九侯的女儿被他娶嫁后因不喜欢他的荒淫，纣王便把她杀死，还把九侯剁成了肉酱。鄂侯对此提出了尖锐的批评，也被纣王处死。当时姬昌对此表示不满，"唉"了一声，被崇侯虎告诉了纣王，引起殷纣王的猜忌，在公元前 1066 年纣王找了个借口，把姬昌囚在羑里达七年之久。

【解说　音乐起】

当时周文王在监狱里无事可做，但他想了解国家大事，想知道自己亲人的情况，便开始用祖上传下来的伏羲八卦来进行推算。在夏商周时期，由于奴隶社会的君主统治和对神灵的崇拜，人们非常相信占卜。原始社会生产力低下，一般只能顺应天时地利去避凶险，人们过着相对平等自由的生活。而到了黄帝之后，人们改造自然获得财富的能力逐步提高，于是就产生了阶级差别。文王看到了当时社会情况的转变，于是他有了一个大胆的想法，要创造一个新的适合当时社会制度的八卦易学理论，这无疑是一个伟大的创意。

【采访　同期声】

远古伏羲时代，自然界是当时先民生存的最大障碍，洪水猛兽威胁着人们，当时伏羲氏仰观天文俯察地理以作八卦，主要是以天地间的阴阳消长的规律预测吉凶。而当时周文王所处的社会，最大的生存障碍是人，那么八卦就该以人伦道德作为理论基础，这是文王与时俱进动过一番脑筋之后才做出来的决定。

【解说　音乐起】

这是位于羑里城大殿右后侧的演易台。它重建于 1994 年，台上有文王正在推演《周易》的塑像，它形象地反映了文王当年被囚时精心推演《周易》的情景。

这是位于演易台前的"蓍草园"，当时在羑里的监狱里，文王无法找到龟甲和兽骨，幸好院子里长着很多蓍草，文王便用蓍草来占卜。文王是黄帝的后代，可能得到八卦的真传，他精通八卦、阴阳、五行、天文地理及历史知识。当时他感到无论天象还是地理，以及社会组织形态都与先天八卦不相适应了。更重要的是人们的思想与生存方式也发生了很大的变化。文王根据《河图》《洛书》的理论，排列出包含天干地支、阴阳五行及人伦理论，又不与先天八卦相矛盾的后天八卦方圆图，伏羲先天八卦显示出宇宙万物万象之形，揭示了宇宙万事万物的原理。而文王后天八卦却反映了自然界和人类社会的真实状况，表明了在宇宙形成的大现象中，人们应该如何顺应自然万物的变化规律。

文王创立了后天八卦之后，又进一步对六十四卦的次序进行了重新排列，并根据每一卦的卦象及天干地支的生克关系，写出判断吉凶的卦辞。后来其四子周公作了爻辞，使《周易》的内容更加丰富。

明代诗人李筵云："一卷经成万古功，曾将天地立穹窿。台高自起寒云碧，树老还收晚照红。"周文王 47 岁继位，执政 50 年，享年 97 岁。后人为纪念这位为中华创造了巨大精神财富的伟人，在周文王去世若干年后，在羑里这个高出地面丈余的圆形土台上修建了南北长 105 米，东西宽 103 米，面积达万余平方米的文王庙，成为人们后世永远朝敬周文王的圣地。

【采访 同期声】

我们现在看到的古建筑文王庙，是明朝嘉靖二十一年（1542）在原羑里城遗址上重建的。它坐北向南，古柏苍翠，除了现存建筑有演易坊、山门、周文王演易台、古殿基址之外，还有周文王羑里城、禹碑、文王易等碑刻，景区内有八卦阵迷宫，完全按照八卦阵图所建。还有二期工程——太公封神馆、伏羲先天馆、儒学馆、道学馆，这对于研究《周易》和历史都具有重要的史料价值。

【解说 音乐起】

在羑里城的前殿大院中，站在周文王的这尊雕像前，看着他仰望苍穹，手执卦册，我们无不肃然起敬！

羑里城景区分前、后两个部分。前景区有周文王演易处、大殿、洗心亭、玩占亭、御碑亭、易碑亭、演易台等。后景区有伏羲祠、吐儿冢、太公祠、老子祠、孔子祠、十二生肖石雕及八卦阵等。这是位于羑里城正中，重建于 1993 年，歇山重檐式建筑，规模恢宏、气势雄伟的文王庙的主殿堂。大殿正中为文王锻铜塑像，相貌魁奇，神态肃穆，圣哲的内心世界溢于形表。瞻仰之际，令人肃然起敬。

至于纣王释放姬昌之说，除了周人走纣王身旁奸臣费仲的后门、献宝讨好纣王，是否还另有其说呢？20 世纪 90 年代，上海博物馆从香港得到一批流散在文物市场上的战国楚竹书，其中有一篇《容成氏》，讲到了纣王释放姬昌的不为人知的原因。说因纣王失德有九个诸侯国叛商，被拘禁的文王听说后立即表态："虽然君王无道，臣子能因此不侍奉吗？虽然父亲无道，儿子能因此不侍奉吗？天子是能反的吗？"软禁于羑里城的姬昌通过某种方式向纣王大表忠心，说自己愿意为纣王分忧，平息多国叛乱。当然，周人多年来也不断向纣王孝敬大批珍宝，请求让姬昌归国，这种解释正好又和《史记》后面的一段说辞对上了号。《史记·殷本纪》说："崇侯虎知之，以告纣，纣囚西伯羑里。西伯之臣闳夭之徒，求美女奇物善马以献纣，纣乃赦西伯。西伯出而献洛西之地，以请除炮格之刑。纣乃许之，赐弓矢斧钺，使得征伐，为西伯。"纣王释放姬昌时还封他为"西伯侯"，并授予他弓、矢、斧、钺以征杀大权。纣王之所以放姬昌，主要目的是让他为商朝平叛，赐给他征伐之权就显得顺理成章了。

"文王拘而演《周易》"的故事，已成为千古流传的佳话，周文王发奋研易潜心治学，创作了千古奇书——《周易》，被尊为"群经之首""大道之源"，彰显了华夏古圣智慧和中华优秀传统文化，同时也是世界文化的瑰宝，无论是对东方世界还是对西方世界，都产生了极其深远的影响。

【字幕　淡入淡出】

三、孔子对易学的贡献

【解说　音乐起】

孔子（前551—前479），字仲尼，春秋末期鲁国人。孔子是我国古代杰出的教育家、政治家、思想家，是儒家学派的创始人。孔子对中国乃至对世界的思想文化影响极为深远，在我国古代被誉为"千古圣人""万世神表"，还被誉为"世界十大文化名人"之首。2004年全球首家孔子学院在韩国成立，截至2019年12月，全球已有162个国家（地区）建立了550所孔子学院和1172个中小学孔子课堂。全球学习汉语的外国人已达1亿之多。

孔子研究《周易》之原因，主要是当时社会上卜筮活动发生了变化。据《周礼·大卜》记载："（太卜）掌三《易》之法，一曰《连山》，二曰《归藏》，三曰《周易》。其经卦皆八，其别皆六十有四。"

可见在西周前期《易》书被统治集团上层垄断，即由天子的卜官所掌控，负责预测军国大事、自然灾异、御敌作战、祭祀活动等。卜筮是当时政府的一项重要职能，一般的人是无缘触及的。据说孔子涉足《易》大约在公元前 496 年，即在他 55 岁左右，时值春秋末期，天下大乱，列国纷争，礼崩乐坏。周王朝统治已名存实亡，"天子失官，学在四夷"，天子丧失了自己的职守，其结果是打破了学在官府的局面。《易》不再为统治集团上层卜官所垄断，而开始流入民间，《易》书逐步成为士阶层、知识分子阅读研究的对象。孔子感叹"世道衰微，人心不古"，于是主持修订《诗》《书》《礼》《乐》《易经》，作《春秋》，肩负"克己复礼"的大任，对后代人影响很大。

【采访　同期声】

司马迁《史记·孔子世家》记载："孔子晚而喜《易》，序《彖》《系》《象》《说卦》《文言》。"孔子在晚年研读《易经》如痴如醉，"居则在席，行则在橐"；他把编结《易经》简册的牛皮线绳都磨断了三次；"韦编三绝"即出典于此。他还说："假我数年，五十而学《易》，可以无大过矣。"可见，孔子对《易》的推崇备至和执着研读之精神。

【解说　音乐起】

在周公时代，《易经》已形成一种卦画与经文合成的形式，并出现了解读《易经》的文献，因为《易经》产生于周朝，所以被后世称为《周易》。《周易》分"经"和"传"两部分，经，即《周易》古经；传，是对《周易》古经的解释。经的部分包含六十四卦的卦形符号、卦名和卦爻辞。孔子在晚年和他的学生共同完成了注释《周易》的《易传》(《十翼》)，以德义思想对《周易》古经进行了全面的阐释。《易传》包含阐释《周易》经文的十篇专著，创作宗旨均在解说"经文"大义，犹如"经"之羽翼，称为"十翼"，喻为《周易》插上十个翅膀，让其飞得更高更远。其经过孔子整理后，才成为儒家之经典，成为后世人们研读《周易》的基础材料，为人类留下了珍贵的哲学思想和伟大的文化遗产。汉武帝时代将《周易》与《易传》合为一本，被称为《易经》，列为"五经之首"。古代易学的兴旺，使孔子所传的易学逐步成为世人学习的主流。

【采访 同期声】

北大教授、哲学家朱伯崑曾提到他写的《易学哲学史》："《易传》对哲学影响最大的是其阴阳观。阴阳本来是解释卦爻象的，但又不限于此。'一阴一阳之谓道'，'继之者善、成之者性'都不光是讲爻象的。任何事物都有阴阳，任何变化都离不开阴阳和阴阳的相反相成。《易传》的这种阴阳观，影响了整个中国哲学文化的发展。"

孔子在其晚年，将"道"提升到世界观的境界。据《论语》《史记》《汉书》及帛书《要》等文献认定，孔子学《易》的时间在他五十六七岁。通过对伏羲、文王遗教的再发现，孔子以《易》之道为统领建立了一套完整的、成熟的、形而上学体系。孔子的贡献在于将以往的阴阳二元论提升为易一元论。《周易·系辞传》说"易"字为最高概念。"《易》有太极，是生两仪。两仪生四象。四象生八卦。八卦定吉凶，吉凶生大业。"在这里"易"是最高形式上的实体，而"太极"是"易"中具备创生功能的部分或因素。"天地设位，而《易》行乎其中矣。"说《易》无思无为，寂静不动，天人相感而能通晓天下之事。天地万物都是由《易》之太极创生，易道也便运行于天地万物之中。

【解说 音乐起】

《周易》与儒家有直接的血缘关系，二者经历了共同的命运。《周易》提出仁义，主张贵民；而孔子主张仁政，反对苛政。《周易》主张入世，强调实践，提出不脱离社会，并把人道与天道并重。"易"善于从宇宙天地中悟"道"，并把象数之规律应用于人类，这些原则皆被儒家吸取。《周易》与孔子的思想关系，无论是《易》《书》《春秋》，都有一个共同的指归——现实。孔子通过这些书籍要表述的对象都是以现实的兴衰、祸福、吉凶为中心探求天之道，明了人之道。儒家思想的实质与核心是治国平天下的社会实践，其基本内容在《周易》中已经以萌芽的形式大量出现。如《周易·比》卦就是"和合"思想的源头，"比"体现了追求和睦亲善和安定互助的社会环境的政治理想；《周易·临》卦则阐述了治国安民的具体策略，也是儒家仁政爱民、正身律己、德治教化思想在《周易》中的萌芽。

孔子说："吾十有五而志于学，三十而立，四十而不惑，五十而知天命，六十而耳顺，七十而从心所欲，不逾矩。"这里的天命，已不是威严的上天之命，而是顺适的自然之年。生命的过程正是走向精神自由的过程，只有懂得了天地之道，才能从心所欲。

【字幕　淡入淡出】

四、中国哲学的基本精神

【解说　音乐起】

哲学，是理论化的世界观，是自然知识、社会知识和思维知识的概括和总结。哲学一词，起源于古希腊，其含义为"爱智慧"。

世界著名易学家成中英先生说：讲易学的作用就是为中国哲学找寻一个源头活水，建立一个哲学发展的基础，中国的发展基础。《周易》是中华民族的瑰宝，《周易》哲学是塑造中华文明的思想基础。在当今实现中华民族伟大复兴的新时代，《周易》哲学基本精神仍具有重要的现实意义和深远的历史意义。

【采访　同期声】

哲学是人们对自然、社会和人生的一种认识、领悟和理解。"易"者变也。《易》一名而含三义：简易、变易和不易，是《周易》的核心思想。简易——简单的易理，变易——变化的易理，不易——不变的易理；其精髓是揭示一种普遍规律。美国儒学学者、汉学家牟复礼认为："我们要想了解中国文明何以屹立得如此持久稳固，就必须理解奠基于文明底下的思想根基。"

【解说　音乐起】

《周易》是一部以占筮为形式的古老的哲学著作，具有卜筮、哲学、历史、科学等多种属性。八卦、六十四卦原来是供占卜用的，但卦爻中却包含着哲学思想。不过，在当时人们还不能够认识它，直到春秋末年孔子及儒家弟子以德义思想阐释《周易》作《易传》，《周易》的哲学思想才被揭示出来。

在原始氏族社会，人们认识自然的能力低下，把天想象为一种超自然的力量和有意志的主宰之神。到了唐尧时代，人们开始使用阴阳历法，由神主宰之天开始向自然之天转化。当时的古人开始注意到太阳和月亮的行踪，使人们对太阳的认识和理解形成"自然之天"的概念。

孔子把《周易》作为哲学著作来研究。卜筮是易的表现形式，他研究的易理却是内核。考古发掘孔子作《易传》的新证据，1972年，长沙马王堆汉墓发现帛书《要》中记载孔子的话："易，我后其祝卜矣，我观其德义耳……吾与史巫同途而殊归者也。"说明孔子研易不搞卜筮，只研究易之辞，也就是说，他与专搞卜筮巫之人虽然是同途搞易学，但其目的却不同。

尽管八卦、六十四卦在起始初期是供占卜用的，但卦中却包含有丰富的哲学思想。尤其是《易传》十篇传世后，《周易》以其伟大的启示力和无穷的诱惑力启动了历代哲人的头脑，并将哲学引向了一个光明的方向。这种以阴（- -）、阳（—）符号表现宇宙和万事万物发展变化就是哲学辩证思维的观念。

《周易》八卦作为世间万事万物的代表，包括时空、方向、自然物、人类社会和生命体等五个方面。而"卦"作为一个系统，演示了世间万物的变化。

"卦",是人类认识宇宙的密码。六十四卦实际上是六十四种数字模型,模拟了宇宙万物各种变化,它将自然之象和人文之象放在一起表达,这就是天人相通,也叫"天人合一"。

【采访 同期声】

《周易》哲学思想的核心就是互依、互立、互变、互根又互为统一的阴阳,表述了现代哲学中的矛盾两面性。《周易·象传》对六十四卦卦义的解释,充分体现了这一道理。如:

《乾》卦:"天行健,君子以自强不息。"

《坤》卦:"地势坤,君子以厚德载物。"

《蒙》卦:"山下出泉,蒙,君子以果行育德。"

《屯》卦:"云雷,屯,君子以经纶。"

《益》卦:"风雷,益,君子以见善则迁,有过则改。"

…………

这些都表明,在"天之道"和"民之故"之间是存在着同一性的,人们通过认识和效法天道,就可以从中汲取教益,引申出人事所应遵循的原则。

【解说 音乐起】

春秋战国(前770—前221)时期的百家争鸣,知识分子中不同学派的涌现及各家流派出现了争芳斗艳的局面,是我国思想和文化最为辉煌灿烂的时代。根据德国哲学家雅斯贝尔斯的轴心时代理论,在公元前800年—前200年时期,在古希腊、古印度和中国三地不约而同地产生了各自的哲学。这个被称为"人类文明的轴心"时代,涌现出众多的先哲先知,在中国诞生了诸子百家;印度出现了《奥义书》;古希腊有诗人荷马、哲学家苏格拉底、柏拉图、亚里士多德等。

《周易》思想深刻影响了诸子百家。

老子：道家学派创始人，著《道德经》。"道"者宇宙本源，始于阴阳，道家一直把《周易》作为经典。

孔子：中国哲学史上的集大成者，对夏商周一直到春秋时期的文化作了一个总结，开创了儒家学派，并把《周易》上升到哲学。

孟子：孔子之后的一代宗师，不单讲卦爻，也不去评议义理象数，注重把易学的精神用于实际。倡导"仁、义、礼、智、信"五常。

荀子：先秦儒家最后一位大师，深化"天、地、人相参"之理，注重易学的作用及内在的人文精神。其"善为易者不占"，表现了"观其德义"的主旨思想。

庄子：老子之后道家的代表人物，与老子有"老庄"并称的美誉。庄子"易以道阴阳"的论述，表明他的"天道"思想受到《周易》思想的深刻影响。

韩非子：法家思想代表人物，受易学思想的启发，观易释义，论刑狱。他不信卜筮，彰明法度；反对天命思想，主张天道自然。

墨子：阐释《周易》的《同人》卦和《既济》卦，面对当时社会的动乱，提出"兼爱"思想。而《周易·节》卦成为墨家尚节思想的最早源头。

孙子：《孙子兵法》是世界古代第一部兵书，其所揭示的军事观点与治军思想蕴含着易学的智慧，易学"变"的发展观和阴阳"两点论"对其影响极深。

鬼谷子：纵横家，其书《鬼谷子》三卷十四篇，借鉴吸收易学阴阳思想，用阴阳来区分万事万物，把阴阳观用于纵横游说的领域。

《周易》是中国古代哲学思维、文化思维和灵智思维的多维载体。孔子说："易之为书也，不可远（离）。"读《周易》可以"上知天文，下晓地理，中通人事"，可望进入道通天地有形外、思入风云变态中的大境界，从而通天下之志，定天下之业，断天下之疑。

【字幕　淡入淡出】

五、从甲骨文看易学

【解说　音乐起】

2019 年 11 月 2 日，习近平总书记在致甲骨文发现和研究 120 周年的贺信中说："殷墟甲骨文的重大发现在中华文明乃至人类文明发展史上具有划时代的意义……希望广大研究人员坚定文化自信，发扬老一辈学人的家国情怀和优良学风，深入研究甲骨文的历史思想和文化价值，促进文明交流互鉴，为推动中华文明发展和人类社会进步作出新的更大的贡献。"

"洹水安阳名不虚，三千年前是帝都。""此当尚在殷辛前，观此胜于读古书。""中原文化殷创始，殷人鹊巢周鸠居。"这是著名历史学家、著名诗人郭沫若 1959 年来安阳时留下的几句著名诗句。

甲骨文是研究商代历史的重要文字资料，是商代晚期商王利用龟甲、兽骨进行占卜的记事文字，包含了殷商时期的帝王从武丁至帝乙、帝辛年间祭祀、征伐、田猎、农业、畜牧、地理、方国的情况，它反映了从公元前 1300 年到公元前 1000 年的社会生活的各个方面。汉字是中华文明的重要标志之一。甲骨文距今已有三千六百多年的历史，因刻在龟甲、兽骨之上而得名。

【采访　同期声】

2019 年 10 月，首次在国家层面举办的"纪念甲骨文发现 120 周年国际学术讨论会"在安阳召开。安阳殷墟，是中国历史上第一个有文献记载并经甲骨文和考古发掘所证实的商代晚期都城遗址，一百二十年来甲骨文从数千年沉睡中被逐渐唤醒，甲骨文于 1898 年首次出土于殷墟（河南安阳小屯村）。1928 年后，经多次发掘，先后出土万余片，主要刻卜辞及占卜纪实的有关文字。甲骨文的发现与研究硕果累累，据不完全统计，已出土甲骨文约 16 万片，甲骨文单字约 4500 个，可识文字达 1700 余字。文字结构已从独体趋向合体，基本具备了象形、指事、会意、假借、转注、形声"六书"的汉字构造法则，文字形象简古、劲健挺秀，所以说甲骨文是一种已经成熟的文字。甲骨文以其推动人类文明进程的巨大贡献，2017 年成功入选《世界记忆名录》。

【解说　音乐起】

清末光绪二十五年（1899）秋，清廷国子监祭酒（中央教育机构最高长官）王懿荣得了疟疾，派人到北京宣武门外菜市口达仁堂中药店买回一剂中药，他无意中发现其中一味叫"龙骨"的中药上面刻画着一些符号。对古代金石文字素有研究的王懿荣觉得这刻痕很像古代文字，但其形状又非籀（大篆）非篆（小篆）。为了找到更多的龙骨做深入研究，他派人赶到达仁堂，以每片二两银子的高价，把药店所有刻有符号的龙骨全部买下，后来又通过古董商进行收购，累计共收集了1500 多片。他经过仔细研究分析后认为这并非什么"龙"骨，而是几千年前的龟甲和兽骨。他从甲骨上的刻画痕迹逐渐辨识出"雨""日""月""山""水"等字，后又找出商代几位国王的名字。从此，这些刻有古代文字的甲骨在社会各界引起了轰动。

《礼记·表记》载："殷人尊神，率民以事神，先鬼而后礼。"殷商时期，国王在处理大小事务之前，都要用甲骨进行占卜，祈问鬼神，天是否下雨？打仗能否胜利？农作物是否有好收成？该对哪些鬼神进行怎样的祭祀？以至于生育、疾病、做梦等事都要进行占卜。商朝人迷信神灵，他们把占卜的日期、占卜人的名字、占卜的事情、占卜的结果都刻在龟甲或兽骨上，以了解鬼神的意志和事情的吉凶，于是甲骨文便成为中华民族迄今发现的最早的文字。

占卜所用的材料主要是乌龟的腹甲、背甲和牛的肩胛骨。通常先在准备用来占卜的甲骨的背面挖出或钻出一些小坑，这种小坑甲骨文学家称为"钻凿"。占卜的时候就在这些小坑上用火加热使甲骨表面产生裂痕。这种裂痕叫作"兆"。甲骨文里占卜的"卜"字，就像兆的样子。从事占卜的人就根据卜兆的各种形状来判断吉凶。商亡之后，占卜在周代逐渐绝迹，其文字也逐渐不为人知。

一些史学家认为，我国新石器时代的陶器上已经有六个数字组成的数字卦，商代甲骨中这样六个数字的数字卦更是常见。从时代关系看，甲骨文与《周易》产生的时代距离较近，懂得易学，就利于解开甲骨文的奥秘。先研究易学，再研究甲骨文，是一种科学的选择。

了解《易经》，需要掌握三大原则，一是变易，易就是变，讲万事万物的变化之理。二是简易，世间任何事物的变化都有一个简化的公式或模式。三是不易，虽然世间万事万物都是在变化的，但万事万物变化的规律是不变的。

【采访　同期声】

这三大原则包含了中国文化的全部智慧，也是人类文明的大智慧。"易"这个字的起源有三种说法。其一，认为上面是一个"日"，下面是一个"月"，"日""月"为"易"。白天太阳，晚上月亮，走了太阳，来了月亮，在"变"。其二，认为"易"是指蜥蜴，即变色龙。蜥蜴根据所处环境的变化会变颜色，所以也是变。其三，认为"易"就是倒水。"易"字是个象形字，最早的字形像两只手抓住一个杯子，把这个杯子的水倒进另一个杯子里去，或者说"易位"；后来，省掉了手和另一个杯子，只有倒水；再后来，就变成了现在的字形。总之，"日月"说、"蜥蜴"说、"倒水"说，其意思都是在"变"。

【解说　音乐起】

殷代甲骨文书写"易"——，半圆形表示初出的太阳，中间弧线表示海的水平线，三道斜线表示太阳的光辉。甲骨文在地下被埋藏了几千年，一百二十多年前才被王懿荣发现并认定为商代遗物，被中外学者誉为"全人类的文明财富"。汉字是以象形字为基础发展起来的，相当多的字还保留着明显的象形特点。"文"，属于象形字。从甲骨文字形来看，文字像一个站立着的人形。最上端是头，头下面是向左右伸展的两臂，最下面是两条腿。甲骨文的"教"字是个会意字教，其右是一只手拿了一条教鞭（或棍子），左下方是个"子"（小孩），"子"上面的两个叉是被教鞭抽打的象征性符号。东汉许慎《说文解字》将其释为"上所施，下所效也"是正确的，即我们今天所说的"教育"。甲骨文中的"学"字为学，似为"双手"数"爻"，可以理解为用算筹学易，易学是非常古老的教育内容，其文化知识起源于占卜。

【字幕　淡入淡出】

六、易学对中医学的影响

【解说　音乐起】

有人说，学医不学易，会思路狭窄；而学易不学医，会满足玄学空谈，只有将二者统一起来，才能相得益彰。自古以来就有"医易相通""易医同源"之说。唐代著名医学家孙思邈说："不知《易》者，不足以言太医。"明代著名医学家张景岳提出了"医易同源""医易相通"两大命题。他说："乃知天地之道，以阴阳二气而造化万物；人生之理，以阴阳二气而长养百骸。《易》者，易也，具阴阳动静之妙；医者，意也，合阴阳消长之机。虽阴阳已备于《内经》，而变化莫大乎《周易》。"所以说《周易》重在讲天道，《内经》重在讲人道，天道涵盖人道，人道体现天道。

中医学是中国的传统医学，也是唯一体系完整且科学思想与操作完美结合的创造发明。中医的起源很早，据《礼记正义·曲礼下》记载，历史传说有三世之医，即《神农本草》《黄帝针灸》《素女脉诀》。照此说法，在神农和黄帝时代中医就有了关于药物、脉诊、针灸与经络的书籍。传说从神农、黄帝到殷商各个时代都存在着巫而兼医的巫咸，也曾有以《易经》作为治疗疾病的依据。

【采访 同期声】

传说伏羲一画开天，首画八卦创立了易的筮法，而他就是"乃尝百草而制九针"的中华医学始祖。《神农本草》之神农氏"尝百草之滋味……当此之时，一日而遇七十毒"，被公认为是中医药物学的创始人，而其与《易》也有不可分割的关系。

【解说 音乐起】

传说神农发展的《连山易》流行于夏代，而黄帝发展《归藏易》则流行于商代。易的发明者和发展光大者就是医学的开创者和发扬者。可见中医自从诞生的那一天起，就与易结下了不解之缘。中医学受《易经》的理论指导主要表现在医学观念、医学理论和医学方法三个方面。

随着先民的生活实践，医学分化为独立学科，《黄帝内经》，为古代医学家托轩辕黄帝之名，成书于战国时期，是我国最早的医书典籍之一，是易学应用最全面、最典型的范例。中医的整体概念认为：认识一个有机的整体，各脏器功能的弱与强，都会影响人体的生命过程。生命就是阴阳二气在人体内的和谐循环，如果这种循环受到破坏，就会发生疾病。

【采访 同期声】

人身的太极即为两肾，左为阴，右为阳，其形状好似太极图。根据《易经》太极宇宙的全息理论，天地大太极，人身小太极，人体中各个相对独立的部分也是天地的缩影，之间有阴阳两气相连。人体背为阳、腹为阴，体表为阳、内脏为阴。所以说中医看病就是调整阴阳，使其达到阴气平顺、阳气固守的平衡状态。

【解说　音乐起】

《周易》讲"一阴一阳之谓道"，中医学承载了《易经》的阴阳理论，而《内经》成书两千余年，对阴阳学不断地发展。《内经》说，人"参天地而应阴阳也"，气是生命之源，命之本，气分阴阳，因而生命体内部的一切都包含着阴阳。阴阳学不仅为中医学的观念方法，而且成了中医学一种理论范式。其中最重要的是阴阳平衡的法则：《内经》说"谨察阴阳所在，而调之，以平为期"。所以说治病要讲"平"与"和"，中医的理论是调和，此论成为中医治病的第一原则。

《内经》将五行理论广泛用于指导临床诊断、病理分析、治疗用药、针灸取穴与心理治疗等各个层面。《内经》将自然界和人体的各脏腑进行归类，按事物不同的属性与五行相配，天供给人们以五气，地供给人们以五味。五气、五味，见于《黄帝内经·素问》第九篇。五气，皮肤对温度、湿度的感觉，即温、凉、寒、燥、湿；五味，舌头对食物的感觉，即咸、苦、酸、辛、甘。五气入鼻，藏入心肺；五味入口，藏于肠胃，使人精力充沛。

以中医治疗未病说，《内经》认为"四时五行而治"，讲的是脏气，说的是讲治病要依据四时五行。就是要分析人身这个系统与宇宙系统的四时五行的关系，也要分析人身之内各脏腑以及血气营卫等子系统之间的五行生克四时生旺的关系，再参考"五运六气"。五运即木、火、土、金、水，六气即为风、寒、暑、湿、燥、火，说明了与人体疾病的关系。

中医治病还重视药物的配伍，形成了一套君臣佐使奇偶之制的法则，从药物、气味、功用三方面统筹考虑而做出最佳的选择，使药物相互配合，祛邪不伤正，又防止转化生变。中药配方如行兵布阵，攻防并用，以最佳的手段，取得最佳的治疗效果。

【采访　同期声】

中医的整体观是"天人合一"，其强调"人与天地相应""人与天地相参"。《经络学》正是在"天人合一"这个大背景下，依据针刺后其酸麻肿胀所传导扩散的方向连缀而成。针法和灸法正是通过刺激十二经络的相应穴位，而取得疗效。

【解说 音乐起】

《内经》说："经脉者，所以能决死生，处百病，调虚实，不可不通。"人身有经络，犹如地球之有子午线。从易学的取类比象，中医学谓经者，自然之经界也；络者，展布之位置也。经络之在人体，如同经纬线之在地球，以便于人们根据所示方向和位置，按照经络循行路线及其分布，根据经穴的位置，可以了解有关脏腑百体的气化活动，并且可以在发生病变的情况下，据此来诊断疾病。

《针灸学》还根据经络学说提出"子午流注"和"灵龟八法"等针刺方法。子午流注针法，主要取十二经脉在肘、膝以下的五俞穴，计算出这些经穴之气流注时取出。八法取穴，主要取奇经八脉八个主穴，配合八卦、甲子数等推算，运用时可左病取右、右病取左、上担下切、下切上担等。另有，针一穴可据八卦方向向八方探测，以得气的方向为病邪所在处，针刺以取效。

易学与辨证论治。重视个体的异症，是中医临床的操作体系。中医临床又提出六经等分证模式，也是深受易学思维方式的影响。东汉末年张仲景撰写了《伤寒论》，他将外感疾病演变过程中的各种症候进行了综合分析，归纳其病变部位、寒热趋向、邪正盛衰，而区分为太阳病、阳明病、少阳病、太阴病、少阴病、厥阴病六经，全面记述了 113 个方面的内容，以六经辨证为纲，方剂辨证为法，成为中医临床医学的典籍。张仲景追求"勤求古训，博采众方"，在诊断上融会了四诊，即望、闻、问、切；八纲，即阴、阳、表、里、虚、实、寒、热。对伤寒各证例，各阶段的辩脉、审证大法和用药规律及条文的形式进行了全面的阐释；明显地继承了易学阴阳属性相反的症候进行对偶分析这一规律；不仅用于外感的诊治，而且对肿瘤和内伤杂病的论治也同样具有指导意义。

易、儒、道、中医是中国古典文化的四大支柱，或者说是四大象征。探求博大精深的中华文化，寻求其精髓是传承发展中华传统文化的必由之路。

【字幕 淡入淡出】

七、古代建筑环境学与易学

【解说 音乐起】

古代建筑环境学，是中华传统文化中不可缺少的组成部分。古代风水学认为风水就是藏风聚水，概括地说风水是考察山川地理环境，包括地质、水文、生态、小气候及环境景观，然后择其吉，而营造城郭室舍等至善境界，是古代的一种专门适用技术。风水学不是《周易》本身，只是易学的一种衍生与变种。风水学中一些玄学理论存在着神秘的色彩，我们对古代风水学应该持有一个正确的态度，吸取其精华，排除其糟粕。

我国风水文化源远流长，迄今已有三千年多的历史了，比较完善的风水学兴起于2500年前的战国时代，第一部阐述风水理论的专著为东晋郭璞的《葬书》。我们从历代古建筑中不难看到风水学应用的杰作，如北京、西安、南京、杭州、苏州等古城，都有风水特色的体现。在汉晋时期，在阴阳、地理有关勘察选址、规划营建等论述的基础上，逐渐形成了初具规模的风水理论体系。

中华建筑体现着中华文明，也体现着易学文化。《周易·系辞下》："上古穴居而野处，后世圣人易之以宫室，上栋下宇，以待风雨，盖取诸《大壮》。"说的是"宫室"发明的记载，是说上古时候人们在洞穴中居住而生活于野外，后世的圣人改用房屋，房屋上有栋梁，下有檐宇，以防御风雪，这大概取象于《大壮》卦的象征吧。

【采访　同期声】

古人采用向阳视生原理，《周易》的君子以"自强不息，厚德载物"精神及"大明终始""保和太和"的思想，体现在住宅、阴阳宅的建筑布局上，强调"向太阳，利生命"的观念。如《周易·豫·象传》"豫顺以动，故天地如之"，所以建筑也应顺山势、水势，顺自然，体现了顺天而行的原则，向阳背阴就是效法自然。

【解说　音乐起】

九宫方正，这种建筑布局，源自古代的《河图》《洛书》，具体安排以九宫图为本。九宫图是指古代中国天文学家将天宫以"井"字划分九个等份，在夜晚从地上观天的七曜（日、月与金、木、水、火、土的合称）与星宿移动，可知方向及季节等资讯。九宫图布局取其方正，即中心对称，左右180度轴对称，上下180度轴对称，纵轴基本对准北斗。北京故宫布局其设计核心是九宫图的对称性，9999.5间房子，分区分类布局，其中心轴对称巧妙结构，为世界设计师所惊叹。

九宫方正，是理想的风水设计思想，追求方正除北京故宫外，还有西安、大同、沈阳故宫等。以九宫方正为核心，选择良好大环境构造阳宅，如中国的四合院，还有一些村落的设计。如浙江兰溪诸葛八卦村和金华武义县俞源太极星象村就是典型的代表。

兰溪诸葛八卦村是诸葛亮第二十七世孙运用阴阳堪舆学（风水学）原理，按九宫八卦构思布局，以村中的钟池为核心，八条小巷向外辐射，形成内八卦；村外边刚好有八座小山，形成环抱之势，构成外八卦。村内房屋分布在八条小巷，各家各户，面面相对，背背相依，虽已过几百年岁月，人丁兴旺，尽管房子越盖越多，但九宫八卦的布局一直没变。

俞源太极星象村，是明朝开国谋士刘伯温按天体星象"天罡（指北斗七星之柄）引二十八宿、黄道十二宫（指黄道上的十二个星座）"的排列设计建造，体现了易学对选址及建筑布局的深远影响。以村口一条流动的小溪为阴阳鱼界线，自然天成为 S 线，占地一百多亩，成为巨型太极图形状，把田野分割成"太极两仪"。

建筑是人类的创造，人类根据自身物质和精神的需要逐步创造出各类的建筑。由原来的"构木为巢""穴居野处"到发明宫室，后来随着人的心智渐开和社会经济文化的发展，家居由住宅走向深宅大院、园林景观的营造。都城的宫殿营造得雄伟壮丽，宗教寺院建设得金碧辉煌，表现了中国人民无穷的智慧和伟大的创造力。

新疆特克斯县城是中国唯一建筑完整的八卦城，2008 年经国务院批准为第四批历史文化名城。特克斯是一座"天地交而万物通也，上下交而其志同也"的城市；这是一座被上海吉尼斯总部授予"现今世界最大规模的八卦城"的城市。八卦城呈放射状圆形，街道布局如神奇迷宫般，路路相通、街街相连。是历史上塞种、月氏、乌孙、回纥、突厥、蒙古族、柯尔克孜族、哈萨克族、维吾尔族、汉族等 22 个民族的人民都曾繁衍生息的城市，具有浓郁的民俗风情、厚重的历史文化和秀美的自然风光。

易学对建筑学有深远的影响，易学的哲理早已融入建筑艺术之中，成为古代建筑之灵魂。风水学说以易学原理为指导，承建布局、设计。如四合院的构建就是阴阳平衡、和谐观念的典范。传统建筑中的"九梁十八柱"也是从易学中获得灵感，如北京故宫角楼就是这种风格的典型。故宫紫禁城城墙的四角上，盖有四座结构精巧的角楼，有九梁十八柱七十二条脊，为十字相叠的曲尺形。

【采访　同期声】

汉唐之际，易学的"天人合一"已成为风水学追求的最高境界。我们常说的上知天文、下知地理，天文即天象，是古人在"仰观天象"时，对天上的日、月、星、云、雨、雷等运行变化规律的认识和掌握，其中最重要的是对星象的掌握。星宿之间的组合和运转变化成为古人认识天文的基础，天上的好多星宿被古人组合成不同的区域。由于中国地处北半球，所以只能看到北天极的星宿。而北天极的星宿都围绕着北极星旋转，故北极星成为天的中心。

按照现代科学观点，天文学是研究宇宙星象（即天象）性质关系及其运动规律的理论。由古天文学逐渐演变为两大分支：一是现代天文学，是以精密仪器观察和计算为基础的纯科技性学科；二是星相学，西方称星辰学，是根据天象关系及运动规律来推测和预测人世事物吉凶的学问，同时带有一定的宗教色彩。

【解说　音乐起】

北京故宫的风水布局设计是中国风水模式的典范之作。故宫的设计理念是按照《周礼》《易经》和风水学三位一体的思想构建的。在具体应用中，风水学是通过建筑物的形状来表达的。以风水勘定国都，其目的就是把城市置于理想的自然环境中，达到风水"天人合一"的最高境界。从紫禁城的布局看，就是按天体星象的排列进行设计构思。紫禁城在大地上面，正是天上的北极星在大地上的投影，风水格局谓之"吉星高照"。宫城分前朝、后寝两部分；前朝分三大殿，为皇帝听政和举行朝会大典之处，对应天帝处理政务的太微垣，后寝二宫是皇帝的居住之处，对应天帝长住的紫微垣，整个紫禁城作为皇宫而言，乃取象于紫微垣。紫禁城的设计勾画出一幅天象的地形图。

易学中的太极、八卦理论也深深渗透到古代建筑之中，如辉煌壮丽的宫殿、雄伟的万里长城、巍峨的宝塔、富丽堂皇的官府、神圣的祭坛、庄严的寺庙、神秘的陵墓，都显露出气势磅礴之感。

【字幕　淡入淡出】

八、《周易》的圣人之道

【解说　音乐起】

远古的传说和先祖的记忆，都注入在这一个又一个的神奇卦爻符号中。"卦"，是《易经》基本的单位；而"爻"，又是组成"卦"的基本符号。可以说，这部由代表天地宇宙万物、阴阳变化的符号浓缩成的卦象和爻象的书，是由华夏民族的古圣先贤，在没有创造出文字之前，发明的一种表达人类感情和语言信息的，世界上最古老、最简单，也最丰富的无声符号读物。

如果没有后人的解释，它至今可能仍然是一部人类神秘的"天书"。爻和卦的起源，有多种说法：晋代易学家韩康伯《易纬》说"卦者挂也，言悬挂物象以示于人，故谓之卦"。说古人在观察天文变化时，为发布气象信息，告知大众，在树上悬挂八根绳索，每根分三段，段中打结，所以"八挂"。因为是绳索，八卦也曾被叫作"索"，由此"挂"变成"卦"。卦上的三个结被称为"三爻"。古人在一根绳索上分段打结，记大事打一大结，为阳爻，小事打一小结，为阴爻，或者打结为阳爻，没打结为阴爻。

六十四卦共三百八十四爻，卦是静态的，而爻是动态的。爻变的实质象征着时变。每一卦六个爻，分别代表着事物发展的六个阶段，其中初爻象征事物的开始，二爻、三爻、四爻、五爻象征事物的成长、发展、成熟，上爻则象征事物的衰败。六十四卦代表了自然、人类和社会的六十四种境况，也是六十四种智慧，而三百八十四爻则是效法万物变化的情景。这无疑都是古人智慧的体现。

【采访　同期声】

《周易·系辞传》说："《易》有圣人之道四焉：以言者尚其辞，以动者尚其变，以制器者尚其象，以卜筮者尚其占。"《周易》是一部讲圣人之道的典籍，四种圣人之道：一是察言，二是观变，三是制器，四是占卜。孔子认为《周易》具有两重性，它可以作为圣人探讨事物义理和变易法则的工具，又是载有圣人之道的典范。

【解说　音乐起】

一是察言。《周易》说："夫《易》，圣人之所以极深而研几也。唯深也，故能通天下之志；唯几也，故能成天下之务。"意思是说，《易》乃是圣人穷究其深奥，研尽其极微之所在的工具。《周易》蕴藏着深刻的道理。圣人以它来通晓天下人的志向；它能够显示事物变化的苗头，以它来成就天下的事业；有求必应，非常神速。这对于人类认识自然、认识自身、揭示大自然的奥秘，无疑是一个极大的推动力量。从另一方面说，"理"是一种符合自然规律的推理，也是一个特殊概念，《周易》揭示圣人探求事物变化的规律，用来治理天下，教化百姓。这正如孔子所说："书不尽言，言不尽意。"

二是观变。有物必有象，象是《周易》为表述内容所使用的一种特殊方法。它是一部以卦象来象征事物表达思想内容的书。中国人都喜欢看象，看人相，观天象，观日观月，可以知时辰；迷路了，观天象，可以知南北。"圣人设卦观象，系辞焉而明吉凶，刚柔相推而生变化。"《周易》的"象""卦""辞"都是表示圣人之意的。象者，就是一种形象的比喻，来说明一个深刻的道理，古人借易卦来说明所反映的一些客观道理。"在天成象，在地成形。"八卦象征八种事物，如乾为天，坤为地，震为雷，巽为风，坎为水，离为日，艮为山，兑为泽。八卦同时又具有八种基本性质，《周易》的每一卦，既象征事物的外形，又象征事物间的联系，更像阴阳对立的矛盾在特定的时空条件下的运动、变化，从而显示事物变化的结果。

三是制器。指古圣先贤观象制器的唯象思维。古圣先贤以《易》象制器，《周易·系辞传》说：伏羲结绳而制作罗网，猎兽捕鱼，取象于《离》卦。神农氏砍削木头，做成了耜，为古代曲柄起土的农器，即手犁。揉曲木头制成了耒，为古代的一种农具，形状像木叉，取象于《益》卦。以中午作为集市，招致天下民众，聚天下之货进行交易，各得其所，取象于《噬嗑》卦。黄帝、尧、舜缝缀衣裳而天下大治，取象于《乾》《坤》二卦。凿空木头以成舟船，剡削木材以成桨楫，取象于《涣》卦。乘驾牛车马车，负载重物到达远方，取象于《随》卦。上古时候人在洞穴中居住，后世圣人创建了宫室（房屋），上栋下宇，以防御风雨，取象于《大壮》卦等。

观象制器，也称"制器尚象"，这是中国古代对科技发明所用的词语。观象制器是一种文化起源的学说。早在甲骨文之前，就存在着观象、制器、通神明、类万物的器物符号。这些器物符号在各地考古发现的大量新石器时代文化遗址及陶器、石器、玉器中都存在。如河南三门峡仰韶文化遗址（公元前5000年—前3000年）考古发现大量陶器、石器；在内蒙古赤峰红山文化遗址（公元前4000年—前3000年）考古发现祭坛、玉器、陶器；在浙江杭州良渚文化遗址（公元前3300年—前2400年）考古发现大量陶器、玉器。

四是卜筮。《周易》卦名、卦象、卦爻辞蕴藏着以往的经验教训，即使是记载的小事也包含着深刻的道理。《周易》不仅是古代预测的工具书，而且更主要的是道德修养之书。《易传》中三次陈述了《履》《谦》《复》《恒》《损》《益》《井》《困》《巽》九个道德卦的卦义，就是要人们提高道德境界，以此作为化凶为吉的手段。面对生活和工作中遇到的困难和疑惑，不少人都想通过《周易》的卜筮之术，来达到趋吉避凶的目的。其实，这个想法是不正确的。《周易》并不主张"命定论"，占卜只能给你提供借鉴和参考，而对待事物主要是按照其发展规律去应对、调整思想和方法因势利导，才能把事情办好。我们要主张"穷理、尽性、以至于命"。"命"就是客观必然性，它是天道和人道之中存在的规律，我们只有掌握它才能预示未来，趋吉避凶。

【采访　同期声】

确切地说，《周易》是一部哲学著作，是对古人生活场景的认识，是他们面对大自然和人生社会的哲学思考，因为使用了"吉""凶""悔""吝"等占卜用语，所以不少人认为《周易》主张"命定论"，这不能不说是一种误会或者误导。其实我们应该注意到，《周易》里最常见的一个字是"如"，它表达的意思是，如果这样或者那样，会有怎么样的结果，这无疑就是辩证的哲理。

儒家大师荀子说"善为易者不占"，是说真正擅长易学的人是不会去占卜的。面对《周易》，不管后人做如何解释，但当人们凝神静思，探幽涉远，犹如在穿行一条长长的历史隧道。这个隧道，将无休止地在人类中延伸，再延伸……

【字幕　淡入淡出】

九、中华民俗中的易文化

【解说　音乐起】

民俗，就是老百姓的习俗。民俗文化是指民间民众风俗生活文化的统称，也是指一个国家、民族、地区中集聚民众所创造的共享传承的风俗习惯。中国民俗，从某种角度上来说是《易经》文化的折射，中国民俗中的不少习俗都与易学有着种种的关联，受到易学的影响和熏陶。

民俗共同的特色是：尊传统，敬祖先，恋乡土，重亲情，祈祥瑞。《易经》文化源头活水的滋润，形成了我国历代文化的枝繁叶茂，而以《周易》为代表的中国传统文化正是以民俗为依托才得以生生不息。

【采访　同期声】

孔子说："百姓日用而不知。"其实"易"就在我们的身边，我们的生活中处处有"易"。有不少日常生活用语来自《周易》，如阴阳、太极、八卦阵、九重阳、变通、文明、事业、革命、节约等。《周易》中含有的成语就达200多个，如自强不息、厚德载物、与时俱进、居安思危、正大光明、立竿见影等。

【解说　音乐起】

民俗之中蕴含着易学的智慧。《易经》最早源于上古民间的占卜习俗，它是先秦民俗精神的概括，占算的风俗可以说是与易有最直接关系的一种风俗。上古时期社会生产力低下，科学技术不发达，人们要预测行事的结果，就用龟甲占卜及蓍草占筮。由于《易经》是这些卜筮之术的文化基础，所以后世的术数都以《易经》作为其理论基础。

民俗中《周易》文化无所不在，如民间服饰文化中的易理。《周易·系辞下》："黄帝、尧、舜垂衣裳而天下治，盖取诸《乾》《坤》。"据说在远古时期，人们需要御寒防潮护身，披上兽皮或树叶。而到了黄帝、尧、舜的时候，又有了新的发明，能把布一块一块地缝起来。《乾》卦以衣在上者像天，为后衣片；《坤》卦以裳在下者像地，为前衣片；故衣裳的制作取象于《乾》《坤》。"而天下治"，是指人们穿上衣服，天下出现了文明的景象。

【采访　同期声】

《周易·贲象传》说："观乎天文，以察时变；观乎人文，以化成天下。"意思是说观览日月、星辰运行的情形就能察知四时的变化，观察人类文明的进展，就能化成天下，说明了日月、星辰、山川、动物、植物都体现了自然之文。

【解说　音乐起】

易学对婚姻文化的影响。古代婚姻讲究六礼，即纳彩、问名、纳吉、纳征、请期、亲迎。纳彩是择配，提亲"说媒"的意思。问名，是所谓"讨八字"，男女双方出生年月日时，要算命先生推算"八字"是否相合，及女方的生、养情况，是否门当户对，才能订婚。纳吉，指提亲，若男女"八字"相合就婚姻成立，男家告诉女家。纳征，指送彩礼、送嫁妆。请期，指择定日子娶亲。亲迎，指娶亲，男人亲自到女方家迎娶新娘。

【采访 同期声】

《易经》中也有记载民俗婚姻的情况，如《周易·贲》卦说，装饰洁白如银，骑着白马飞跑，不是盗贼，而是出嫁的。表达了当时古人婚嫁时的装饰和交通工具情况。又如《周易·大过》卦说："枯杨生稊，老夫得其女妻，无不利。"是说枯杨树生了新芽，说明老夫娶了个年轻的女子为妻，没有不好的。"枯杨生华，老妇得其士夫，无咎无誉。"说枯萎的杨树重新开花，老妇嫁了个年轻的丈夫，没人咎责，也没人称誉。再如《周易·归妹·象传》，不仅讲出了少女出嫁是天地间的大义，又说明了悦而动是少女出嫁时自然的举动。

【解说 音乐起】

中华传统节日种类繁多，源远流长，民间几乎月月有节，延续了上千年。传统节日纪念的对象基本上有三个方面，即神灵、先人和贤人。神灵，指古人先是由对自然的崇拜而后向神的崇拜转化。岁时、节气的节日与先人、贤人的偶像崇拜，神话传说的节日相互融合，节日的主要内容是吃喝玩乐、合家欢聚、礼尚往来等。如民间较大的节日有春节、元宵节、清明节、端午节、中秋节、重阳节、腊八节、除夕等。如九九重阳节，出现了两个九的阳数，就是来自《易经》。

【采访 同期声】

《易经》中有记载的祭祀民俗。《周易·随》卦说，大王用被掳的奴隶在西方祭祀。这说明了当时对神灵的崇拜观念和人祭的习俗。又如《周易·大过》卦："藉用白茅，无咎。"说的是祭礼时用白茅铺在祭品的下面，没有灾。这说明祭祀有一定的规范，讲究食品卫生，是对神灵的恭敬。

【解说　音乐起】

民俗常常以潜意识的形态体现在社会之中，《周易·文言传》说："积善之家，必有余庆；积不善之家，必有余殃。"古人这种弃恶扬善的观念对个人的修养和对家庭、社会的稳定都会起到积极的作用。又如《周易·恒》卦说："不恒其德，或承之羞，贞吝。"是说人们为不能恒久保持美德而感到羞愧。以道德律人，成为人们的一种共识。

【采访　同期声】

《礼记·王制》说王者巡守之礼，是说国君深入民间，对乡村社会的风俗民情进行一番调查研究。作为掌管音乐及负责搜集民间歌谣的太师官，要把民间传承的民歌《国风》呈递给国君。国君就能通过这些民歌"观风俗，知得失"，对制定、调整国家的方针政策发生着一定的作用。

民俗文化是中国人民的精神支柱，是《周易》传统文化赖以生存的沃土。俗话说"风水轮流转"，人活着总是充满着信心与希望，民俗文化面向未来而总是生生不息。

【字幕　淡入淡出】

十、易学影响了世界自然科学

【解说　音乐起】

中国古代辉煌的科技成就，曾长时间位居世界的前列。《周易》中蕴涵着丰富的自然科学的思想萌芽，对世界自然科学的发展产生过重要的影响。

英国科学家、生物学专家李约瑟长时期在中国考察，20世纪50年代编写了巨著《中国科学技术史》，他认为中国至少在明朝以前，数千年来都是最大的技术输出国，四大发明对世界科学进步的影响姑且不提，古代中国在冶金、造船、机械、航天、热兵器、天文学、地震学、数学、建筑学等方面都是处于世界领先地位的。他指出，《周易》在世界自然科学界的影响极为深远，《周易》的科学思想对现代科学的发展也具有重要的启迪作用。

【采访　同期声】

德国哲学家、数学家莱布尼茨，从年轻时候就接触到中国古典哲学并开始研究《周易》。1697 年 12 月，他与在中国的法国传教士白晋通信，阐明了自己的二进制观点与设想。第二年 2 月，白晋回复了一封长信，让莱布尼茨十分震惊。白晋在信中说："你不应该把二进制视为一门新科学，因为中国的伏羲早已发明了。"白晋在回信中还建议莱布尼茨用中国的六爻来说明二进制，并附寄了伏羲六十四卦图。

【解说　音乐起】

1701 年 11 月，白晋从北京寄给莱布尼茨的附图"伏羲先天六十四卦方圆图"，之后莱布尼茨收到了这个伏羲易图。莱布尼茨收到白晋这封信，并看到了伏羲易图，领悟到阴阳排列的二进制数字矩阵。《易经》中的阴爻（－－）和阳爻（—）就相当于二进制中的 0 和 1。1703 年 5 月，莱布尼茨在复信中谈到二进制与伏羲卦爻，他深感中国文化的博大精深，他认为伏羲是中国科学的创始人，卦爻图是科学史上最古老的里程碑之一。

【采访　同期声】

1921 年，在丹麦著名物理学家玻尔的倡议下，哥本哈根大学理论物理学研究所成立。作为量子力学哥本哈根学派的宗师玻尔，他在 1937 年访问中国时，了解到中国的阴阳观念，深受震惊。

【解说　音乐起】

玻尔认为他一生反复阐述的量子力学中的"互补观念"在中国也有它的先河。波尔对《易经》无限敬仰与崇拜，他亲自设计把中国的太极图作为家族的族徽，用来象征中西文化的融合。

当代美国粒子物理学家卡普拉，曾将老子的哲学思想与现代物理学进行过比较，他认为"道"暗示着"场"的概念，"气"的概念与量子"场"的概念也有惊人的类似。

【采访　同期声】

著名物理学家、诺贝尔奖获得者杨振宁在北京大学演讲谈道"《易经》对中华文化的影响"时说："第一，《易经》影响了中华文化的思维方式，而这个影响是近代科学没有在中国萌芽的重要原因之一，这也是我所以对于《易经》发生了兴趣。第二，《易经》是汉语成为单音语言的原因之一。第三，《易经》影响了中华文化的审美观念。"

【解说　音乐起】

瑞士哲学家、心理学家、世界心理学首创人荣格说："《易经》本身不提供证明和结果；它不妄自尊大，但也不易接近。像自然的一隅，它静待人们去发现。它既不出示事实，也不显示本领；只有对心贵自知和热爱智慧的人——若有这样的人——它仿佛是一本求之不得的好书。对某个人，它的精神湛如晴日；对另一个人，淡若曙暮；对第三个人，暗若黑夜。不欣赏它的人务必不要用它，反对它的人不强求其真。让它问世，为那些能辨其意义的人受益。"荣格通过研究，发现"共时性律"，在古老的《易经》中找到了"同声相应，同气相求"的答案。

【采访　同期声】

荣格还说：假如我们想彻底了解《易经》这本书，当务之急是必须去除我们西方人的偏见。比如说几年以前，当时的不列颠人类学会的会长问我，为什么像中国这样一个如此聪慧的民族却没有能发展出科学？我说，这肯定是一个错觉。因为中国的确有一种"科学"，其"标准著作"就是《易经》，只不过这种科学的原理就如许许多多的中国其他东西一样，与我们的科学原理完全不同……

【解说　音乐起】

中国地球物理学家翁文波在 1982 年至 1992 年十年间共预测国内外 5 级以上地震 85 次，准确率达到 80%，而翁文波所使用的"可公度性"的预测方法就是受到易学干支循环——六十花甲的启示，从而能比较准确地预测到地震和地质灾害。

【采访　同期声】

翁文波的这种"可公度法"还得到推广与应用。2006 年陕西师范大学龙小霞等再次运用此法，发表了《基于可公度方法的川滇地区地震趋势研究》一文，指出川滇地区可能在 2008 年发生≥6.7 级的地震，事实上与 2008 年汶川大地震相吻合。虽然说可公度法是一种基于统计规律的预报，但在目前还没有其他更先进的方法，鉴于可公度方法的准确性，仍可以对其加以研究利用。

【解说　音乐起】

中国古代科技理论认为宇宙万事万物由三部分组成：气、数、象。按照现代科学狭义的理解为：能量、信息、存在态势。对于生物界则是精、气、神。《周易·系辞传》说："精气为物，游魂为变。"中国人说某人"没有精气神"，是指人能量不足。数，在人体科学中，就是遗传信息，脱氧核糖核酸，简称 DNA，古代叫精、元、玄、理，在人体科学中，就是人的识悟，生命的秘密被认为是世界上最大的秘密。

【采访　同期声】

1865 年，奥地利生物学家孟德尔从豌豆杂交实验得出的遗传基本传递规律，发现遗传基因。1910 年，摩尔根通过果蝇实验证实基因位于染色体上，说明了基因的物质基础。1953 年詹姆士·华生和他的研究伙伴法兰西斯·克立克提出了 DNA 双螺旋结构模型，破解了 DNA 的结构之谜，1962 年获得了诺贝尔奖。1966 年尼伦伯等人破译了全部遗传密码，于 1968 年获得诺贝尔奖。

【解说　音乐起】

1996 年 10 月，首幅大型人类基因图谱发表于《科学》杂志，它绘出了 1.6 万个基因染色体所在的位置，说明人的一生的确定性和它们的遗传性程序是由 4 个碱基中任取 3 个，构成 64 个密码子的基因所控制。北京大学王文清教授用二进制表示"卦"的顺序，并以太阴、少阴、少阳、太阳分别表示尿嘧啶（U）、胞嘧啶（C）、鸟嘌呤（G）、腺嘌呤（A）4 个碱基的遗传密码表，发现二者竟似同一个密码系统。在全球性生态危机频发的当下，《周易》的理论可以被应用于生态学、生物多样性和遗传学等研究中，并对人类社会发展做出贡献。

【字幕　淡入淡出】

十一、走向世界的大学问

【解说　音乐起】

《周易》这部中国最古老的哲学典籍，被尊为群经之首、大道之源、宇宙代数学。自 17 世纪以来，《周易》被译成十几种语言，引起了世界各国哲学界、科学界人士的高度重视。当今世界已有七十多个国家和地区先后建立了易学研究机构，有不少国家还创办了易学学术刊物，发表了许多研究成果，并运用到实践中，从而使易学逐步形成了一种国际性的大学问，同时也给西方文化发展和文明体系注入了新的活力。

《易经》向东南亚传播最早。公元前108年汉武帝灭卫满朝鲜设立四郡，当时包括易学在内的儒学思想就大量传入朝鲜半岛。从有关文献和考古资料来看，远在宋代程朱理学传入以前，韩国就已经把太极图当作神权神秘符号来崇拜，并不断在建筑和日常生活中应用。

【采访　同期声】

《易经》是通过朝鲜半岛的百济王传给日本的。公元513年，百济王派遣五经博士段杨尔东渡日本，之后又两次派五经博士和易经博士到日本传授《易经》。中国的儒家经典传入日本后，促进了日本公元603年的"推古改革"，公元646年的"大化改新"，公元622—671年教育制度及公元718年制定《养老律令》等社会方面的改革。

【解说　音乐起】

《易经》还通过越南传播到东南亚。越南黎朝时期，尊孔崇儒，儒学成为官学，黎圣宗时期（1460—1497），儒学达到鼎盛，促进了学校教育及科举考试制度的完善。近代以来，东南亚各国的华人、华侨开设私学，传播儒家经典，使《易经》在东南亚广泛传播。

【采访　同期声】

《周易》这部以立象尽意的哲学典籍，风生水起地走向西方世界，是从17世纪20年代开始的。

明朝末年，意大利耶稣教传教士利玛窦来到澳门等地，之后翻译了《易经》中最主要的《乾》《坤》两卦。法国传教士金尼阁于1610年、1620年两次来华传教，1626年修订编制成中国第一部拉丁拼音方案。同年，他把《易经》翻译成拉丁文，并在杭州刊印。它标志着《易经》17世纪开始传入西方世界。

1678 年，法国国王路易十四派白晋等 6 名法国教士，自称"国王数学家"来华传播天主教。之后，白晋向法国国王进呈了数十册中文书籍，其中有包括《易经》在内的"六经"等。

【解说　音乐起】

自 17 世纪以来，英国乃至整个西方世界的汉学家多从宗教和哲学的角度来译介和阐述《易经》，向西方学者介绍《易》卦在物理学、逻辑学、天文学上的精妙应用。英国著名汉学家理雅格的《易经》英译本，在许多地方作了增补和改译。18 世纪 50 年代，法国传教士宋君荣的《周易》法国译本发表。18 世纪 30 年代，法国传教士雷孝思用拉丁文翻译的《易经》，起名叫《〈易经〉：中国最古的书》，在巴黎出版，这是西方现存的第一部最完整的《易经》读本。19 世纪德国著名哲学家黑格尔创造了"正反合逻辑定律"，正是受中国《易经》的启发。20 世纪 20 年代，德国驻华参赞卫礼贤德译本《周易》在德国出版，之后又译为英译本。《易经》引起了世界各国哲学界、科学界人士的高度重视。

【采访　同期声】

19 世纪末 20 世纪初，在西方如英国、德国、法国、美国等主要国家，研究《易经》已形成一定规模。英国从事外交事务的汉学家瞿理思为剑桥大学汉文教授，著有两部研究《易经》之书。瞿理思指出：自这部经典问世以来，每一位《易经》的读者都会企求懂得用它来预言命运，感应神秘的天意。

【解说　音乐起】

自 19 世纪后半叶到 20 世纪上半叶，在英国学者圈和有教养的公众中，人们对《易经》的一些基本概念，如阴阳、五行、太极，及《易经》的某些实用价值，如占卜，已有相当的了解。

英国著名历史学家汤因比在其 12 册巨著《历史研究》中，讲述了世界各个主要民族的兴起与衰落，被誉为"现代学者最伟大的成就"。书中多处将"阴阳"概念作为一个具有普遍阐释作用的历史哲学概念加以应用，并认为它的基本宗旨之一，就是探索六千年以来世界各地先后从"阴"变到"阳"、从"静"变到"动"的原因，或者说探索人类文明"从阴到阳的巨大的宇宙性的后果"。

20 世纪以来，德国学者确立《易经》在世界文化史上的地位。卫理贤是中西文化交流史上"中学西播"的一位功臣，也是著名教育家。他在中国青岛旅居十年，在中国学者劳乃的帮助下编写德译本《易经》，于 1924 年在德国耶拿出版。他在介绍《易经》时十分强调其具有世界性、普遍性的意义和价值，在西方得到了高度评价，促进了 20 世纪以来国际范围易学演进的重大讨论和争议。

20 世纪 20 年代初，瑞士心理学家荣格促成将《易经》德译本转译为英译本，并为这一英译本写了序言，阐述了《易经》对于现代心理学发展的意义，为《易经》在英语世界的流传起到了重要作用。尽管当时已有 15 种《易经》英译本出版，但卫理贤的《易经》英译本在半个世纪发行了 100 多万册。

【采访　同期声】

20 世纪 80 年代，国际易学研究体现了一个重要动向：易学研究与现代世界主流学术和文化相沟通，其中最突出的有两个基本方面，一是易学与现代最新自然科学相结合，二是易学的观念进入当代人类的实践理性领域。

美国物理学家乔夫·卡普拉的《物理学之道》，在不少地方论述了《易经》观点对于理解和解决现代物理学某些关键性的问题及难题的意义。1982 年，卡普拉又编写了一部以《复》卦命名的书《转折点》，谈了阴阳互补思维对于当代人类文化范式的意义。之后还有多种论述《易经》科学意义的专著出现，如葛文达《易经的内在结构——转化之书》和 M.许勃格《生命的秘匙——遗传密码中的〈易经〉宇宙形式》，涉及现代生物学的问题。

【解说　音乐起】

20 世纪上半叶，西方世界对《易经》的影响仍局限于汉学家，而到了下半叶，《易经》的传播就逐渐普及化了，造成了当代国际化《易经》学术研究范围的新扩展，一种新的易文化思潮正在形成。很有可能在不久的将来成为多元世界的一种富有创造性的主流思想。

当代国际学术界许多学者都对《易经》的现代阐释及易学的重建问题给予深切的关注。今日世界东西方在经济、政治、文化的发展面临着许多问题，也有与整个人类生存和发展相关的共同指向，而《易经》这部古老而旷世的经典对世界展开学术性研究仍具有根本的意义。

1984 年，第一届国际易经大会在韩国召开，之后国际性的易经大会先后在世界各地召开。从 1999 年到 2017 年，在中国的台湾、南京、安阳、澳门、无锡、北京、郑州，及泰国的曼谷就举办了八次世界易经大会。

《周易》发祥地——安阳，从 1989 年到 2021 年连续举办了 32 届周易与现代化国际讨论会，吸引海内外众多的易学专家学者参加研讨，同时积累了大量的学术成果。

美国华裔哲学家、国际易经学会主席成中英教授在近年来一系列的论著和学术演讲中反复强调说：在最近十年间，东西方都对《易经》重新表示极大的兴趣，这种兴趣表明《易经》对现代世界依然具有巨大的精神感召力，而对《易经》做出的普遍呼应则深深根源于人民的生活之中。

【采访　同期声】

世界文明的发展程度与当今全球化发展程度是一致的，跨文化交流对文明的发展起着至关重要的作用。世界文明全球化的形势下，中国

《周易》文化思想将会发挥独特的作用。

《周易》几千年来在东方各国有着广泛的影响，在西方国家也日益受到重视。易学思想不仅造就了伟大的中华文明，而且在共同构建人类命运共同体，开创世界文明新纪元中，也将以其光辉的文化引领，为实现"天下大同"的美好世界释放强大的精神动力。

【再次推出片名　淡入淡出】

周易

【解说　音乐起】

《周易》作为人类生存、发展的哲学，不仅中国人民需要，而且求和平、求发展的世界人民同样需要，《周易》文化推向世界是历史的必然！

《周易》不仅是中华文化的瑰宝，而且是全世界人民的优秀文化遗产。在大洋彼岸，在沙漠绿洲，在热带雨林，在高山平原，《周易》不断展示出神奇而又迷人的魅力，为人类文明的进步谱写着一曲又一曲的辉煌乐章。

《周易》不仅是中国的，也是东方的，更是世界的。不仅是古代的，也是现代的，更是未来的。

后　记

　　我们的家乡河南安阳是《周易》的发祥地，对博大精深的《周易》文化，我们一直怀有无限的敬畏与崇拜。为了更广泛地弘扬《周易》哲学思想，让易学智慧变为大众掌握的精神财富，我们特编著《话说〈周易〉》一书，包括50集电视专题纪录片《话说〈周易〉》和100分钟电影纪录片《周易》解说词。

　　本书在撰写和出版过程中，得到中央文史研究馆馆员、中国周易学会会长、山东大学教授、博士生导师刘大钧，清华大学教授、博士生导师、国际易学联合会副会长廖名春，南开大学教授、博士生导师、国际易学联合会副会长吴克峰，中国中医科学院教授、北京周易研究会会长杨力，郑州大学教授、博士后、《周易》与古代文献研究所所长崔波，安阳市政协副主席、民建安阳市委员会主委、安阳市社会科学界联合会主席刘鸿民，中央广播电视总台高级编辑孙海石，资深出版物营销分类专家与血型心理科学研究学者王建强等给予的精心指导。在此，谨对诸位老师表示衷心的感谢！

　　在本书写作过程中，我们采用了一些公开出版或发表的书刊、论文、报道及互联网中的有益观点并运用于其中。谨对这些未曾谋面却帮助过我们的作者和媒体人表达诚挚的谢意！

　　特别感谢安阳京泰建筑有限公司董事长、北京安阳企业商会党支部书记宋立顺，安阳市民营企业家张笑波先生，汤阴羑里周易博物馆馆长迟松，安阳职业技术学院副教授张睿文等在本书出版、印制过程中给予的鼎力资助！

王万顺　袁建国

2022 年 5 月于殷都安阳